LA DÉVOTION

A

SAINT IGNACE

LA DÉVOTION

A

SAINT IGNACE

MÉDITATIONS
PRIÈRES ET PRATIQUES

EN L'HONNEUR DU FONDATEUR DE LA COMPAGNIE DE JÉSUS

PAR

LE R. P. XAVIER DE FRANCIOSI
De la même Compagnie

DEUXIÈME ÉDITION

NANCY

SOCIÉTÉ NANCÉIENNE DE PROPAGANDE — IMPRIMERIE SAINT-EPVRE
63, rue Saint-Georges, 63

1882

Reimprimatur

Nancy, le 21 juin 1882.
P. JAMBOIS, *vic. gén.*

AU LECTEUR

Depuis trois siècles, la piété des catholiques s'est constamment tournée avec vénération et confiance vers le grand serviteur de Dieu, saint Ignace de Loyola, fondateur de la Compagnie de Jésus ; et elle n'a cessé, dès lors, d'être récompensée par de nombreuses et éclatantes faveurs de l'ordre spirituel et de l'ordre temporel.

Loin de souffrir quelque diminution de la furieuse tempête déchaînée en ce moment parmi nous contre l'Institut d'Ignace, cette même piété n'a fait que s'accroître dans ces derniers temps. Par une généreuse émulation de zèle, les fidèles, avec leurs hommages plus empressés, semblent vouloir dédommager l'heureux habitant du Ciel des outrages dont on poursuit sur la terre son œuvre et sa postérité. Ils croient aussi, non sans raison, que de son côté, Dieu est d'autant plus disposé à glorifier Ignace qu'on cherche davantage ici-bas à insulter cette illustre mémoire. Ils se sentent instinctivement poussés à recourir au crédit d'un protecteur aussi puissant auprès du Seigneur et à solliciter par son entremise les grâces nouvelles et plus abondantes dont, les jours mauvais que nous traversons, ont un si pressant besoin.

Témoin sympathique de ce spectacle qui, avec tant d'autres du même genre, nous console des tristesses du présent et nous fait concevoir l'espérance d'un avenir meilleur ; désireux de seconder, dans la mesure où cela dépend de nous, ce religieux mouvement, nous offrons ces pages aux nombreux clients d'Ignace. Ils y trouveront des méditations, des pratiques et des prières en harmonie avec la dévotion envers leur Saint préféré, et qui, si Dieu daigne bénir nos efforts, pourront nourrir leur piété, leur inspirer de salutaires résolutions, les aider à obtenir du Ciel les faveurs qu'ils souhaitent.

Nancy, 30 juin 1881, premier anniversaire de l'exécution des décrets.

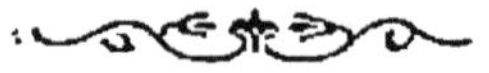

VIE

DE SAINT IGNACE

D'après le Bréviaire romain

IVᵉ Leçon

Ignace né à Loyola, dans la Navarre, d'une illustre famille d'Espagne, s'attacha d'abord à la cour du roi catholique et servit ensuite dans ses armées. Une blessure qu'il reçut au siège de Pampelune, lui causa une maladie dangereuse, pendant laquelle il lut, par hasard, quelques livres de piété; et cette lecture lui inspira le plus ardent désir de marcher sur les traces de Jésus-Christ et de ses Saints. Il se rendit à Montserrat. Après avoir suspendu son armure profane devant l'autel de la bienheureuse Vierge, il passa toute la nuit en prières, et fit ainsi l'apprentissage de la sainte milice. Il se dépouilla de ses habits précieux pour en revêtir un pauvre, se couvrit d'un sac, et partit pour Manrèse. Il s'y livra pendant un an aux rigueurs de la mortification. Le pain qu'il mendiait faisait sa nourriture et l'eau sa boisson ; il jeûnait tous les jours, excepté les dimanches ; il domptait sa chair en portant une lourde chaîne et un rude cilice ; il n'avait pas d'autre lit que la terre ; et le sang coulait de son corps sous les coups d'un fouet armé de pointes de fer. Mais Dieu le favorisait de révélations si lumineuses qu'il avait coutume de dire dans la suite : « *Quand même les divines Écritures n'existeraient pas, les connaissances extraordinaires que Dieu m'a communiquées à Manrèse, suffiraient, à elles seules, pour que je sois prêt à mourir pour la foi.* » Ce fut alors que cet homme qui n'avait aucune teinture des belles-lettres, composa le livre des *Exercices spirituels*, ouvrage admirable, dont le mérite est attesté par l'approbation du Saint-Siège et par l'utilité que tout le monde en tire.

*V*ᵉ *Leçon*

Pour se mieux former à la conquête des âmes, il résolut d'employer le secours des belles-lettres et se mit à étudier la grammaire avec les enfants. Cependant son zèle pour le salut des âmes ne se ralentissait pas. Peines, insultes, outrages, emprisonnements, mauvais traitements qui faillirent le faire périr, rien ne le rebutait. Il endurait tout avec une patience admirable, et il aurait voulu souffrir encore bien davantage pour la gloire de son Maître.

Étant à Paris, il s'associa neuf compagnons de différents pays, tous maîtres ès arts et gradués en théologie dans l'Université de cette ville, et jeta avec eux les premiers fondements de son Ordre dans l'église de Montmartre. Il l'établit ensuite à Rome, et l'attacha au Siège apostolique par les nœuds les plus étroits, en joignant aux trois vœux ordinaires, un quatrième vœu relatif aux missions. Cet ordre fut d'abord admis et confirmé par Paul III ; il eut bientôt l'approbation des Papes ses successeurs, et celle du concile de Trente. Ignace envoya saint François-Xavier dans les Indes pour y prêcher l'Évangile ; il répandit d'autres de ses compagnons sur la terre comme une précieuse semence destinée à la propagation de la religion. Il déclara ainsi la guerre à la superstition païenne et à l'hérésie, et cette guerre fut continuée avec le plus grand succès. Aussi pensa-t-on généralement (et ce sentiment était appuyé par l'autorité du Souverain Pontife) que Dieu qui, dans tous les temps, a donné à son Église des défenseurs dignes d'elle, avait suscité Ignace et la Société dont il était le fondateur, pour l'opposer à Luther et aux autres hérétiques de ce siècle.

VIᵉ Leçon

Il avait surtout à cœur de ranimer la piété parmi les catholiques. La décoration des temples, l'enseignement plus assidu des catéchismes, l'usage de la prédication, la fréquentation des sacrements, furent les heureux fruits de ses soins et de sa sollicitude. Il ouvrit partout des classes pour élever la jeunesse dans les belles-lettres et dans la religion, établit à Rome le Collège Germanique, érigea des monastères pour des filles qui avaient perdu ou qui étaient en danger de perdre leur innocence ; il fonda des maisons pour des orphelins et des cathéchumènes de l'un et de l'autre sexe. Il faisait un grand nombre d'autres bonnes œuvres et travaillait avec une ardeur infatigable à gagner des âmes à Dieu. Quelquefois on l'entendait dire : « *S'il m'était donné de choisir, j'aimerais mieux continuer de vivre au service de Dieu et du prochain avec l'incertitude de jouir du bonheur céleste, que de mourir avec l'assurance d'entrer sur-le-champ dans la béatitude éternelle.* » Il exerçait un empire étonnant sur les démons. Saint Philippe de Néri et d'autres encore virent briller sur son visage les rayons d'une lumière divine. Enfin à l'âge de soixante-cinq ans, il alla se réunir à son Seigneur, dont la plus grande gloire avait toujours été l'objet de ses discours, et le motif de ses actions. Grégoire XV mit au rang des Saints cet homme illustre, en qui le mérite d'avoir rendu de grands services à l'Église était relevé par l'éclat des miracles.

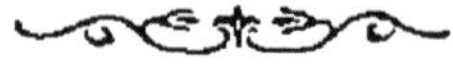

MÉDITATIONS

I

MISSION PROVIDENTIELLE D'IGNACE

1º IGNACE EST UN PRÉCIEUX SECOURS ACCORDÉ A L'EGLISE. — Le divin Fondateur de l'Eglise veille sans cesse sur elle comme il le lui a promis, et il ne manque jamais de la pourvoir, suivant les circonstances, des divers secours qui la mettent en état de triompher de ses ennemis.

Au premier rang de ces secours, il faut placer l'apparition des Saints sur la terre. L'hérésie d'Arius a été vaincue par saint Athanase ; c'est saint Cyrille que Dieu a suscité pour combattre Nestorius ; Jovinien, Helvidius, Vigilance ont été réduits au silence par saint Jérôme ; c'est également un saint, l'évêque Augustin, que Dieu oppose au blasphémateur de la grâce, Pélage. Plus tard, au XIIIᵉ siècle, ce sont encore deux saints, Dominique et François, qui, par leurs efforts, ont puissamment contribué à renouveler la face du monde.

Au seuil de la période moderne, une fois de plus, un saint, le grand Ignace, a été choisi par le Seigneur pour venir en aide à son Epouse bien-aimée. C'est le glorieux témoignage que lui rend la reconnaissance de celle-ci dans les *Leçons* et l'*Oraison* de l'Office qu'elle lui a consacré au jour de sa fête.

= « *Des Saints ! des Saints ! donnez-nous des Saints !* » écrivait naguère un homme effrayé par l'imminence et la grandeur des maux suspendus sur nos têtes. Hélas ! en effet, il n'est que trop certain, il y a parmi nous déficit de sainteté, et, par suite, nous sommes sur le point de périr... Prenons donc la résolution d'augmenter le nombre des Saints en nous faisant saints nous-mêmes... S'il ne nous est pas accordé de parvenir à la hauteur de sainteté des grands serviteurs de Dieu, du moins par nos désirs, nos prières, nos bonnes œuvres, efforçons-nous d'obtenir du Ciel la venue de ces hommes dont la présence sauverait le monde en le convertissant.

2º IGNACE EST UN SECOURS ACCORDÉ A L'EGLISE AU MOMENT LE PLUS OPPORTUN. — Quelques dates mémorables de la carrière d'Ignace retentissent d'une manière significative dans les plus importants évènements du siècle où il a vécu.

La découverte d'un monde nouveau allait doubler l'ancien monde, et il était réservé à Ignace surtout de faire évangéliser celui-là par les siens ; or, l'année 1491, en laquelle Christophe Colomb s'élance à la recherche de ces contrées inconnues, est l'année même de la naissance d'Ignace.

C'est en 1521, à la Diète de Worms, que Luther jette enfin le masque, rompt pour toujours avec ses vœux et lance de scandaleux pamphlets pour exciter les moines à l'apostasie ; c'est aussi en cette année qu'Ignace quitte le monde et compose à Manrèse ses *Exercices spirituels,* qui repeupleront les cloîtres et d'où sortira bientôt un nouvel Ordre religieux.

En 1534, Henri VIII publie un édit condamnant à mort quiconque n'effacerait pas le nom du pape de tous les livres et écrits où il se rencontrerait ; et, en 1534 également, Ignace déploie, à Montmartre, l'étendard d'une milice spéciale dont les membres s'engagent à être toujours sous la main du Souverain-Pontife pour les missions qu'il jugera bon de leur confier.

Ignace ne pouvait donc venir plus à propos. Par ses travaux en effet, et par ceux de ses compagnons, la piété des catholiques se réchauffe, les progrès des sectaires sont arrêtés, il les contraint de reculer. Profitant du vaste champ ouvert tout exprès devant lui, il compense avec usure les pertes que l'hérésie infligeait à l'Eglise, et, l'un des siens, Xavier, amène à lui seul, dans le bercail du bon Pasteur, plus d'âmes que ne lui en avaient ravies Luther et ses adhérents.

= Pusillanimes que nous sommes, pour-

quoi trembler au sujet de l'Eglise ? La foi,
l'histoire n'enseignent-elles pas que les portes
de l'enfer ne prévaudront jamais contre elle ?...
Mais si l'Eglise a des assurances de perpétuelle durée, il n'en est pas de même pour
nous. Le flambeau de la foi ne peut s'éteindre,
il peut se déplacer... Que deviendrions-nous
si Dieu nous l'enlevait ? L'Orient, courbé sous
le cimeterre, ne nous le dit que trop.

3º IGNACE EST UN SECOURS PRÉPARÉ DE LON-
GUE MAIN A L'EGLISE.—Dans l'accomplissement
de ses desseins, Dieu parfois, et pour faire
admirer sa puissance, se sert d'hommes dé-
pourvus de tout élément de succès ; mais d'ordinaire, afin de manifester sa sagesse, il aime
mieux utiliser les ressources mises d'avance
par lui à la disposition de ses créatures, en
vue d'obtenir ce qu'il prétend. C'est ainsi
qu'il avait libéralement doté Ignace des avantages naturels les plus convenables à en faire
l'instrument de sa miséricorde à l'égard de
l'Eglise. Ignace était de moyenne taille, mais
robuste et bien fait de sa personne ; ses manières étaient pleines d'élégance et de distinc-
tion. On le citait partout comme le type
accompli du parfait gentilhomme. Ses goûts
étaient nobles et élevés. L'oisiveté et les
passe-temps futiles lui étaient insupportables ;
il méprisait l'argent, et, à la prise de Najare,
il refusa sa part du butin. Sa parole exerçait

un grand empire sur les soldats et nul mieux que lui n'excellait à manier leurs esprits.

A ces qualités brillantes mais secondaires, il associait dans un admirable équilibre les deux facultés maîtresses qui tirent décidément quelqu'un de la foule ; chez lui, une intelligence de premier ordre possédait à son service une de ces volontés tenaces qu'aucun obstacle n'arrête ni ne fait hésiter. Détournées un instant de leur destination légitime, ces précieuses ressources y seront bientôt ramenées par la grâce ; en attendant, elles se révèlent déjà avec éclat.

Esprit propre aux plus hautes comme aux plus vastes conceptions, et cependant toujours tourné vers le côté pratique, Ignace allait en tout au fond des choses ; il les embrassait dans leur ensemble sans en perdre de vue le moindre détail. D'une prudence consommée qui n'abandonnait rien au hasard, d'une sagacité qui lui faisait choisir les mesures les plus exactes, d'une circonspection qui ne demandait à chacun que ce qu'il était en droit d'en attendre, il tirait des circonstances et des personnes tout le concours qu'elles pouvaient lui prêter. Rien ne semblait au-dessus de sa capacité, sa supériorité pour la conduite des affaires était reconnue par ses adversaires eux-mêmes, qui, hors d'état de la contester, ont essayé d'en faire contre lui la matière d'un de leurs griefs.

Une passion dominait en lui tout le reste : il était insatiable de gloire, et, pour s'en procurer, rien ne lui aurait coûté. Quand au siège de Pampelune chacun ne parle plus que de capituler, il se retire dans la citadelle avec quelques braves entraînés par son exemple, et il continue à se défendre. La brèche ayant été ouverte, il s'y précipite, et là, au premier rang, l'épée au poing, il repousse les assaillants jusqu'au moment où un boulet lui fracasse une jambe. Pour conserver sa bonne grâce, il exige qu'on lui brise de nouveau cette jambe mal remise ; il force une autre fois les chirurgiens à lui scier un os, il veut même que, pendant plusieurs jours, on le tire violemment avec une machine de fer ; et, pendant qu'on le torture de la sorte, il ne laisse échapper aucune plainte !

Que ne pouvait-on pas se promettre d'un tel homme quand il aurait trouvé sa voie ?

= « *Peu d'hommes*, a écrit saint Ignace, *comprennent ce que Dieu ferait d'eux s'ils s'abandonnaient complètement à la grâce en la laissant maîtresse d'opérer à son gré en eux.* » Si nous n'accomplissons pas de grandes choses, n'est-ce pas parce que peut-être nous ne sommes pas dans notre vocation, ou encore parce que nous n'utilisons pas les facultés dont la Providence nous avait doués à cet effet ?

II

CONVERSION D'IGNACE

1º LA CONVERSION D'IGNACE A ÉTÉ PROMPTE.
— Ignace atteignait sa trentième année et n'avait jusqu'alors vécu que pour le siècle, sans s'être jamais demandé sérieusement pourquoi il se trouvait sur la terre. La lecture de la vie de Notre-Seigneur et de celle des Saints pendant les longues heures de sa convalescence évoqua devant lui et résolut du même coup le problème de sa destinée. Il comprit que l'homme ne saurait raisonnablement se proposer d'autre fin que de servir Dieu et de sauver son âme. Un instant la pensée du sacrifice exigé de lui le fait hésiter, bientôt néanmoins son parti est pris. « *Avec le secours qui m'est offert*, s'écrie-t-il, *je puis ce qu'ont pu des hommes comme moi*, » et se précipitant du lit où la maladie le retient encore, il se prosterne contre terre et promet à Dieu de ne plus travailler désormais qu'à sa gloire et à mettre son salut en sûreté.

Vainement le monde avec ses charmes mensongers, vainement le démon avec ses artifices et ses menaces font-ils les derniers efforts pour garder cette noble proie, Ignace leur échappe. Il appelle le ciel à son aide, il prie avec une nouvelle ferveur, et fortifié par

2

une admirable apparition de la bienheureuse Vierge tenant son Fils entre ses bras, il ne remet plus à exécuter son dessein. Dès que l'état de sa jambe le lui permet, il quitte les siens sous un prétexte honnête ; puis à leur insu se rend au célèbre pèlerinage de Montserrat.

Son premier soin, en arrivant dans ce sanctuaire, est de demander un confesseur à qui il fait humblement l'aveu des fautes de toute sa vie ; ses larmes et ses sanglots le forcent à chaque instant d'interrompre sa confession et il lui faut trois jours pour la terminer.

Pleinement rentré en grâce avec Dieu, il change alors de vêtements avec un pauvre et passe en prière dans l'église la nuit qui précède la fête de l'Annonciation. Le matin venu il fait vœu de perpétuelle chasteté, suspend son épée à l'autel de la Mère de Dieu et reçoit la sainte communion. Il s'éloigne ensuite de peur d'être reconnu et se dirige vers Manrèse.

— Comme Ignace nous n'avons en ce monde d'autre affaire que celle de servir Dieu et de vaquer à notre salut..... Ne marchandons-nous pas avec la grâce qui nous sollicite de nous en occuper ?..... S'il en est ainsi à quoi ne nous exposons-nous pas ?..... Pourquoi nous flatter de faire plus tard ce que nous refusons d'accomplir maintenant ? Plus tard aurons-nous des motifs plus puissants que ceux qui aujourd'hui nous pressent ?.... Est-ce la difficulté qui nous arrête ? elle subsistera toujours,.... loin de diminuer elle grandira avec le temps.... La grâce qui nous est nécessaire ne pourrait-elle pas se lasser de nos résistances ?..... Sommes-nous assurés de l'avenir ?

2º LA CONVERSION D'IGNACE A ÉTÉ COMPLÈTE. — Ignace n'était pas homme à se convertir à demi, et il ne recule devant aucune des conséquences que comporte sa résolution. Désabusé des vanités du monde, rien à ses yeux sur la terre n'a de valeur en soi-même, et il n'attache de prix aux créatures que relativement au but assigné à ses efforts. Qu'elles lui agréent ou qu'elles lui déplaisent, qu'elles doivent lui apporter des douceurs ou des amertumes, que lui importe, ce n'est pas ce qu'il considère ; tout cela n'est d'aucun poids dans la balance où il pèse les choses. Ces choses peuvent-elles l'aider à glorifier Dieu et à mériter le bonheur éternel, il les recherche et les embrasse quelque violence qu'il ait à s'imposer pour triompher de ses répugnances instinctives ? S'aperçoit-il au contraire que les choses le détourneraient de son but, il les fuit et les repousse sans prendre garde aux sympathies naturelles qui voudraient l'entraîner de leur côté ? Quant aux autres, jusqu'à ce qu'il leur ait reconnu le caractère d'un moyen ou d'un obstacle, il les tient pour indifférentes et se conduit vis-à-vis d'elles comme si elles n'exerçaient sur lui aucune impression.

Les regards fixés sans cesse sur le Maître adorable que le ciel a donné à la terre pour nous instruire par ses exemples plus encore que par sa doctrine, Ignace le prend pour unique guide, assuré qu'il est de ne pas s'égarer en s'attachant à ses pas. A cet effet, il étudie les uns après les autres les mystères de la vie du Sauveur, il contemple ses actions, médite ses paroles, scrute ses intentions, mais surtout il s'efforce de l'aimer et de lui devenir conforme.

De son côté, Dieu prend plaisir à le combler de ses dons, il ne se lasse pas de répandre sur notre Saint des grâces sans nombre, il le traite de plus en plus en plus en privilégié, il l'élève tout d'abord à une perfection où de grands mérites et de longs services amènent rarement les plus fidèles et les plus chers de ses amis.

= Nous prétendons bien être à Dieu et pour cela nous consentons à prendre quelques mesures;... mais nous manquons de générosité, nous posons nos conditions, nous stipulons nos réserves..... Ces réserves sont injurieuses à Dieu si grand en lui-même,... si libéral pour nous;... elles arrêtent le cours de ses largesses;... elles mettent en péril notre salut. « *On usera à votre égard*, dit l'Ecriture, *de la mesure dont vous aurez usé vous-même.* »

3º LA CONVERSION D'IGNACE A ÉTÉ DURABLE.
— Ignace a rompu avec le monde qui lui avait été si funeste et sa rupture est définitive. Il appréhende tellement que la poussière du siècle ne réussisse encore à l'atteindre que, pour se mettre plus sûrement à l'abri, il étend la précaution jusqu'à s'interdire tout commerce avec les siens eux-mêmes. Pendant onze ans, il n'accepte aucune assistance de ses proches, il ne leur écrit pas, il jette au feu, sans les ouvrir, les lettres qu'il en reçoit, il se défend de se mêler de leurs intérêts. Contraint de reparaître un instant au lieu de sa naissance, il se dérobe aux honneurs avec lesquels on s'apprêtait à l'accueillir et se retire à l'hôpital. Son frère, ses neveux accourent et le conjurent de venir prendre son logis au château paternel ; leurs instances sont inutiles, Ignace ne se laisse pas fléchir, il s'obstine saintement à demeurer parmi les pauvres. Ses parents lui font porter un lit convenable, il n'y prend point son repos, quoiqu'il le défasse tous les matins pour tromper l'attention publique sur sa pénitence qui consistait à étendre sur la terre ses membres fatigués. On lui envoie des mets plus délicats, il n'y touche pas pour lui-même, il les distribue aux pauvres de l'hôpital et, durant les trois mois de son séjour, il ne prend pas d'autres aliments que ceux qu'il a mendiés.

Sa constance sur ce point particulier, il l'étend à tout le reste. Bien loin de se relâcher avec les années, il redouble chaque jour d'énergie, il s'efforce de se perfectionner davantage, d'accomplir sans cesse quelque nouveau progrès, d'acquérir ce qui lui manque encore. Ne pas s'arrêter, ne pas décheoir ne lui suffit pas; il faut qu'il avance, qu'il s'élève de plus en plus dans la sainteté, qu'il gravisse les uns après les autres ces degrés sublimes d'*ascension* que le Roi-prophète salue avec enthousiasme dans l'un de ses plus beaux cantiques.

= Plusieurs commencent avec courage, mais ne tardent pas à se lasser. Ne sommes-nous pas de leur nombre ?... Une telle inconstance scandalise les faibles,.. livre la piété aux railleries des mondains,... frappe d'inutilité les efforts de celui qui a la faiblesse d'y céder... Souvenons-nous que la couronne ne s'accorde qu'à la persévérance,... que l'homme qui regarde en arrière après avoir mis la main à la charrue, n'est pas propre au royaume de Dieu.

III

PÉNITENCE D'IGNACE

1º IGNACE CHATIE RUDEMENT SON CORPS. — Ignace ne s'est pas contenté de détester ses péchés, il a voulu les expier. Toute sa vie il s'adonnera aux exercices de la pénitence extérieure, toutefois le délabrement de sa santé et ses nombreuses et importantes occupations le forceront dans la suite, en vue d'un plus grand bien, à user de certains ménagements. Mais au début de sa conversion, il déclare à son corps une guerre implacable pour venger, à ses dépens, les offenses qu'il a commises contre la Majesté divine.

A peine arrivé à Manrèse, il se rend à l'hôpital, et il s'y prive de tout ce qui peut lui procurer une satisfaction, il en vient même bientôt à se retrancher le nécessaire. Son sommeil est très court, et durant les plus grands froids de l'hiver, il prend son repos sur la terre nue, n'ayant qu'une pierre pour oreiller. De longues heures consacrées à la prière, l'assistance à la messe et aux offices divins, les soins qu'il prodigue aux malades les plus rebutants, absorbent tous ses instants. Il jeûne la semaine entière au pain et à l'eau ; le dimanche seulement, il s'accorde quelques herbes cuites auxquelles il mêle de la cendre. Au sac grossier qui lui sert de vêtement, il ajoute un rude cilice et une chaîne de fer ou une ceinture d'herbes piquantes. Il ne trouve pas que ce soit assez, il lui faut un lieu retiré, où, sous l'œil de Dieu seul, il puisse enfin satisfaire, à son aise, la haine généreuse qu'il a conçue contre lui-même.

Il y avait, à une faible distance de Manrèse, une grotte longue d'environ trente pas, et ne recevant le jour que par une fissure du rocher. Son aspect affreux la faisait ressembler à un sépulcre ; peu de gens en connaissaient l'existence, nul ne songeait à la visiter. Ignace écarte les broussailles qui en masquent l'entrée et il y pénètre. Il a rencontré ce qu'il cherchait, il en profite. Nous avions peine à supporter le récit de ses précédentes austérités, il les redouble, il les pousse si loin qu'il égale, s'il ne le surpasse, tout ce que l'histoire nous raconte en ce genre des anciens anachorètes. Il veille des nuits entières versant des larmes et poussant des sanglots ; sept heures durant, il reste à genoux sans appui, il passe plusieurs jours et même une semaine entière, sans prendre de nourriture, il déchire ses membres trois, quatre et cinq fois par jour avec une discipline garnie de pointes de fer. La nature succombe, il a de fréquences défaillances, plus d'une fois on le trouve sans connaissance, à demi-mourant, privé de chaleur et de mouvement. On le rappelle à la vie, on l'engage à se relâcher quelque peu de la sévérité de sa pénitence : « *Laissez-moi*, répond-il, *endurer ces faibles souffrances au prix desquelles je mets en sûreté mon salut.* »

= Ce n'est point assez que de regretter amèrement ses fautes et de n'y plus retomber, il faut les expier en ce monde ou dans l'autre... Ailleurs, l'expiation serait plus longue et plus rigoureuse;... il est donc de notre intérêt de nous acquitter ici bas vis-à-vis de la justice... Si le courage nous manque pour nous imposer à nous-même des pénitences, acceptons du moins celles qu'une miséricordieuse providence nous ménage,... il s'en présente à nous chaque jour, ne perdons pas le fruit que nous en pouvons retirer.

2° IGNACE MORTIFIE SES INCLINATIONS. — La pénitence extérieure n'est complète qu'autant qu'elle est accompagnée de la pénitence intérieure qui consiste à contrarier nos convoitises désordonnées. Cette pénitence intérieure est plus excellente que la première ; celle-ci n'est pas toujours praticable, nul au contraire n'est dispensé d'embrasser l'autre, au moins dans une certaine mesure. Sur ce principe, Ignace s'est fait une loi inviolable de prendre constamment, et en tout, le contre-pied des penchants qu'il avait apportés en naissant.

Comptant pour trop peu de chose de se défendre contre la rébellion de sa nature corrompue, il prend hardiment l'offensive ; il combat cette nature, il la poursuit sans trève ni merci ; la tenir en respect ne lui suffit pas, il entreprend de la dompter et de la soumettre ; et, à force d'héroïsme, il y réussira.

Il aimait passionnément la gloire, il la recherchait avec ardeur ; il n'a plus qu'un désir : boire sans fin et jusqu'à la lie l'humiliation à la coupe de son Sauveur saturé d'opprobres. On voit alors cet homme de cour qui, pour ne pas perdre quelques avantages extérieurs, avait souffert les incisions les plus douloureuses, s'étudier à paraître rebutant pour recueillir des affronts. Il s'en allait par la cité, mendiant de porte en porte, quêtant, pour ainsi dire, des mépris bien plus que des morceaux de pain. Il se confondait avec les misérables, affectant leurs manières grossières. Son visage tout souillé de poussière, ses cheveux en désordre, sa barbe et ses ongles qu'il laisse croître, le rendent le jouet des enfants qui le montrent au doigt, lui jettent des pierres et le poursuivent de leurs huées dès qu'il vient à paraître.

= Depuis la chute originelle et la dépravation qui en a été la suite, notre nature laissée à elle-même tend au mal. C'est une vérité de foi et d'expérience... Qu'au lieu de réprimer ses penchants, nous lui accordions ce qu'elle réclame, nos complaisances pour elle ne seront que trop souvent criminelles... Alors qu'elles ne nous entraîneraient pas jusqu'au mal, elles seraient toujours dangereuses. « *Si vous vous montrez condescendant à l'égard de vos convoitises,* dit le Sage, *vous deviendrez un sujet de joie pour ceux qui vous haïssent... Les pires ennemis de l'homme,* dit à son tour le Psalmiste, *sont ceux qu'il porte au dedans de lui.* »

3° IGNACE SCRUTE ATTENTIVEMENT SA CONSCIENCE. — Pour se purifier de plus en plus, Ignace veille sans relâche sur lui-même, il ne se perd, pour ainsi parler, jamais de vue. Dès le matin, il se propose d'accomplir ce qu'il voit que Dieu attend de lui ; sans s'arrêter à des résolutions vagues, il détermine, il précise avec netteté les actes qu'il devra produire à cet effet durant la journée, il s'efforce de prévoir et d'écarter les obstacles que pourrait rencontrer son dessein. D'heure en heure, et surtout à midi et vers le soir, il passe en revue toutes ses actions, se demandant compte de leurs motifs et des circonstances de leur exécution, se hâtant de désavouer et de corriger ce qu'il y surprend de défectueux.

Outre cet examen général, il en pratiquait un autre appelé l'examen particulier, dans lequel, s'attachant à l'extirpation d'un défaut spécial ou à l'acquisition d'une vertu, il persévérait des mois entiers notant et comparant les résultats d'une journée avec ceux de la journée précédente, les résultats d'une semaine avec ceux de la semaine précédente, etc... jusqu'à ce qu'il se fût débarrassé de ce défaut, ou qu'il se fût mis en possession de cette vertu.

Après sa mort, on a trouvé dans son lit le petit livret de cet examen, et on put constater avec admiration, que quelques heures avant de quitter la terre, aux prises déjà avec le trépas, il y consignait encore ce que la délicatesse de sa conscience lui avait signalé de répréhensible.

= Si nous voulons sérieusement parvenir à la sainteté, scrutons assidûment nos démarches et les mouvements de notre cœur... Efforçons-nous de reconnaître la passion qui nous domine, et attaquons-la par la pratique généreuse de l'examen particulier... Ne cessons pas de combattre que nous ne soyons devenus maîtres de ce tyran domestique... Dès que nous l'aurons rangé au devoir, nos autres ennemis ne nous inquièteront guère.

IV

FORCE D'AME D'IGNACE

1º LA FORCE D'AME D'IGNACE ÉCLATE DANS SES VOYAGES. — La force d'une âme consiste moins à entreprendre de grandes choses qu'à supporter, sans se laisser abattre, les difficultés qui se rencontrent dans leur exécution. Ignace nous en offre de mémorables exemples. Pendant plusieurs annnées, sans argent, sans provision, sans ressources humaines d'aucune sorte, il eut à accomplir un grand nombre de voyages. Il va d'abord aux Saints-lieux, se promettant d'y faire connaître Jésus-Christ, ou du moins, d'y verser son sang pour la cause du Sauveur. N'ayant pu, malgré toutes ses instances, obtenir la permission de s'établir à Jérusalem, il repasse la mer. De retour en Europe, il parcourt, à pied et en mendiant, un grand nombre de cités, en Italie, en Espagne et en France. Après quelque temps passé à Paris, il reçoit du ciel, l'ordre d'aller à Rome, pour se mettre lui et les compagnons qu'il s'est choisis, à la disposition du Vicaire de Jésus-Christ.

Pendant toutes ces pérégrinations, il essuie tant de fatigues, il endure tant de privations, il court de tels dangers que, les docteurs de la Sorbonne se demandent si, en conscience, il lui est permis de se condamner à un genre de vie misérable à ce point. Pour lui, il n'éprouve aucune inquiétude à ce sujet, il est pleinement rassuré par son divin Maître qui lui apparaît et lui sert de guide durant ses voyages, le consolant et le fortifiant par d'admirables faveurs.

= S'agit-il de nos intérêts ou simplement de nos plaisirs, les distances ne sont rien pour nous ?... faut-il nous déplacer pour assister le prochain ou visiter Jésus-Christ dans ses sanctuaires, le moindre prétexte suffit à nous en empêcher ?... De tous les pas que nous faisaisons, ceux-là seuls sont comptés par les Anges, qui ont pour terme le service de Dieu... Quant à nos autres démarches, elles demeureront éternellement sans récompense ;.... quelques-unes même pourront bien être une matière de châtiments.

2° LA FORCE D'AME D'IGNACE ÉCLATE DANS LES ŒUVRES QU'IL A ENTREPRISES. — Le zèle d'Ignace lui a souvent attiré, de la part des hommes, de mauvais traitements, qui même mirent plus d'une fois son existence en péril, sans le faire jamais renoncer à prendre en main les intérêts de Dieu. A son arrivée à Paris tout en vaquant avec ardeur à ses études, il parvient à gagner à la piété quelques-uns des jeunes gens qui comme lui fréquentaient les cours. Un professeur jaloux prend ombrage de cet apostolat, il porte plainte au Recteur, et celui-ci condamne Ignace au châtiment réservé aux perturbateurs de l'Université. Ignace devait paraître dans une grande salle pour être, en présence des Régents et des Étudiants convoqués au son de la cloche, honteusement fustigé. Il ne se dérobe pas à une telle ignominie, il se présente pour la subir, et elle lui aurait été infligée, si le Recteur désabusé soudainement, ne lui eût fait amende honorable en le comblant d'éloges.

Une nuit, dans une hôtellerie, il entend pousser des cris déchirants ; il court et ne balance pas à tenir tête à quelques soldats ivres qui se disposaient à faire violence à une pauvre servante dont il sauve ainsi l'honneur.

Pendant la traversée de la Terre-Sainte, remarquant que Dieu était grièvement offensé sur le navire, il avertit d'abord avec douceur et en secret les auteurs de ces désordres ; n'en obtenant rien par ses ménagements, il reprend avec force et menace de la colère du Seigneur. Un passager l'avertit, en confidence, que l'équipage est irrité contre lui et ne cherche que l'occasion de le faire périr ; son zèle ne s'en refroidit nullement, et il continue à s'employer au service de son Maître, comme s'il n'avait rien à redouter.

Il y avait, à Barcelone, un monastère de religieuses, où l'observance régulière était singulièrement déchue. Ignace réussit à y rétablir la ferveur à l'aide des *Exercices;* mais quelques misérables, qui ne trouvaient pas leur compte à un changement si nécessaire, résolurent de se défaire, à tout prix, de celui qui, après Dieu, en était l'auteur. Un jour donc qu'Ignace revenait du monastère, en compagnie d'un saint prêtre qui l'avait secondé dans cette bonne œuvre, tous deux sont assaillis par des esclaves noirs et battus avec tant de violence que le prêtre en mourut, dit-on. Quant à Ignace on l'emporta sans connaissance, et il eut mille peines à se remettre après deux mois d'atroces souffrances. Dès qu'il peut quitter son lit, il retourne sans crainte au monastère pour affermir le bien commencé par ses soins. C'est en vain que ses amis s'efforcent de lui faire abandonner une entreprise qui déjà a failli lui coûter la vie : « *Laissez-moi,* leur dit-il, *eh ! qu'y aurait-il de plus désirable, pour moi, que de succomber pour l'honneur de mon Maître et l'avantage de mes frères ?* »

= Dieu a commandé à chacun de s'occuper de son prochain.... « *Si quelqu'un ne prend pas soin des siens, mais surtout de ceux que la Providence a placés près de lui, il a renié la foi et il est pire qu'un infidèle,* » d'après l'Apôtre... Faute d'un peu de dévoûment, laisserons-nous périr notre frère pour l'âme duquel Jésus-Christ a pris tant de peines et n'a pas hésité à donner sa vie ?

3° LA FORCE D'AME D'IGNACE ÉCLATE DANS LES PERSÉCUTIONS QU'IL A EUES A ENDURER. — Ignace a vérifié en sa personne cette parole de l'Écriture : « *Quiconque veut vivre pieusement en Jésus-Christ, souffrira la persécution.* » C'est une remarque de ses premiers compagnons, que dès qu'il arrivait quelque part où ils se trouvaient déjà, les difficultés se multipliaient à l'instant, et les contradictions de tout genre venaient aussitôt fondre sur leurs entreprises. Les fruits de salut qu'il opérait dans les âmes excitèrent en effet contre lui la haine des méchants, la jalousie des faux frères, la défiance des pusillanimes ; on éleva contre lui les accusations les plus graves, on lui reprocha d'être tantôt un hérétique et tantôt un magicien. Il dut souvent comparaître devant les tribunaux, on le jeta en prison à Alcala et à Salamanque, on le chargea de chaînes comme un criminel.

Au lieu de se plaindre, il surabondait de joie, il s'estimait heureux d'être jugé digne de souffrir quelque chose pour le nom de Jésus-Christ, il profitait de l'occasion pour enseigner la doctrine chrétienne à ceux qui le visitaient. Quelqu'un lui témoignant sa compassion de le voir ainsi captif malgré son innocence, il répondit avec l'accent d'une intraduisible allégresse : « *Pensez-vous que ce soit si grande chose d'être prisonnier et d'avoir les fers aux pieds ? Pour moi, je le confesse sans détour, il n'y a point tant de cachots ni de fers dans Salamanque, que je n'en souhaite davantage encore pour l'amour de mon Sauveur Jésus-Christ.* » Un célèbre professeur qui l'entendit à Alcala, en une rencontre semblable, fut tellement ravi, qu'il en oublia l'heure de sa classe ; et que, paraissant tardivement devant ses écoliers qui l'attendaient, il leur dit tout hors de lui-même et comme pour s'excuser : « *En vérité, Paul est encore captif parmi nous, et je viens de le visiter dans sa prison.* »

═ Rougissons de nos malencontreuses timidités.... On n'a jamais revendiqué la liberté aussi souvent et aussi haut qu'aujourd'hui, et le respect humain nous ferait courber la tête !.... Craignons qu'à son tour, Dieu ne rougisse de nous au dernier jour, comme Jésus-Christ menace de le faire à l'égard de ceux qui auront rougi de lui devant les hommes.

V

ORAISON D'IGNACE

1º IGNACE S'EST APPLIQUÉ A L'ORAISON. — Ignace vaquait à l'Oraison avec une ferveur dont la vie des Saints offrirait bien peu d'exemples. A Manrèse déjà, il consacrait journellement sept heures à ce saint exercice. Inondé d'abord des plus suaves délices, il ne tarda à être éprouvé par des obscurités, des sécheresses et d'effroyables dégoûts ; mais au lieu d'abréger son Oraison, il la prolongeait alors courageusement, comme son divin modèle lui en avait tracé l'exemple au jardin des Olives.

Dès la veille, vers le soir, il songeait à sa méditation, en choisissait la matière, en arrêtait le cadre, en déterminait les points principaux, ainsi que le fruit pratique qu'il se proposait d'en retirer. Jusqu'au lendemain, il ne s'occupait plus d'autre chose. Déjà au lit et avant de s'endormir, il repassait un instant son sujet ; s'il s'éveillait pendant la nuit, il y pensait encore ; et le matin, en prenant ses vêtements, il cherchait à se le rappeler en écartant avec soin tout ce qui aurait pu l'en distraire. Quand le moment de la méditation était arrivé, il se recueillait plus profondément, puis se prosternait la face contre terre pour adorer la Majesté divine, et lui demandait avec instance d'éclairer son esprit et d'échauffer son cœur.

Pendant la méditation, il concentrait sur le mystère qu'il méditait toutes les puissances de son âme; sa mémoire, son intelligence, sa volonté, il forçait son imagination à concourir au succès en lui offrant des tableaux en rapport avec la matière dont il s'occupait. Il n'était pas jusqu'à ses sens dont il ne cherchât à tirer parti, et quand son Oraison en était susceptible, il y appliquait l'ouïe, l'odorat, le goût, la vue, le toucher pour recueillir plus abondamment des enseignements, des affections, des résolutions. La chaleur ne se séparait pas pour lui de la lumière; et de la considération, il passait rapidement à d'amoureux colloques dans lesquels il s'épanchait devant Dieu comme un ami devant un ami, un fils devant un père, un malade devant son médecin, etc...

L'exercice terminé, il se demandait avec exactitude, comment il s'y était comporté ; ce qu'il découvrait en s'examinant ainsi, lui servait à apprendre comment il devrait se conduire dans la suite. Et quoique durant les dernières années de sa vie, ses Oraisons ne fussent plus guère que des extases pendant lesquelles Dieu agissait en lui beaucoup plus que lui-même, il ne se dispensait jamais de s'y préparer avec la scrupuleuse ponctualité du dernier des novices.

= Sainte Thérèse a promis le ciel à toute personne qui fera journellement une demi-heure de méditation, prenons donc la résolution d'assurer notre salut à un tel prix... Nous nous affligeons de ne pouvoir méditer, faisons-nous ce qui est requis pour réussir ? par exemple, préparons-nous la méditation ?... Ne demeurons-nous pas dans le vague ?... Nous aidons-nous des industries que conseillent les Saints ?... Ne nous décourageons-nous pas à la première difficulté ?... Prions-nous Dieu de nous venir en aide ?

2° IGNACE A POSSÉDÉ A UN HAUT DEGRÉ L'ESPRIT D'ORAISON. — Ignace marchait sans cesse en présence de Dieu, il ne le perdait jamais de vue, pour ainsi parler; et sa conversation était dans les cieux. Le monde surnaturel était devenu son élément et lui composait une atmosphère où se mouvaient ses pensées et ses affections ; il n'en sortait pas sans effort, il s'y replongeait dès qu'il le pouvait, ou plutôt il ne la quittait jamais complètement puisque au témoignage des ses historiens, sa vie était une contemplation continue.

Les affaires les plus sérieuses le laissaient toujours prêt à traiter sur le champ avec Dieu. La création entière était, pour lui, un miroir où les attributs du Seigneur se réfléchissaient de telle sorte, qu'il suffisait d'une fleur, du chant d'un oiseau, de la vue du firmament, pour le faire entrer dans un ravissement profond. Durant plusieurs heures, plusieurs jours, et même durant une semaine entière, il demeurait alors sans aucun usage de ses sens. Une fois on le crut mort, et on l'aurait enterré si l'on ne s'était aperçu que le cœur lui battait encore. On l'a vu également pendant qu'il était en prières, la tête environnée de rayons lumineux, et le corps tout soulevé de terre. Les habitants du ciel, les Saints, les Anges, la Mère de Dieu, le Sauveur, le visitaient pendant qu'il était en cet état ; il recevait les communications les plus sublimes sur la Création, l'Incarnation, l'Eucharistie, les opérations de la grâce dans les âmes, et bien d'autres profonds mystères. Bien plus, l'auguste Trinité elle-même daignait se dévoiler à lui sous une forme et des images adaptées à la faible intelligence de celui qui habite encore la terre.

= Ne nous contentons pas de faire l'Oraison, efforçons-nous de devenir hommes d'Oraison ce qui est bien plus excellent. Que l'Oraison ne soit pas pour nous un simple exercice comme un autre, une sorte de hors-d'œuvre, mais qu'elle fasse corps avec les autres actions de la journée, qu'elle s'y rattache intimement en influant sur chacune d'elles... Quelle peine n'avons-nous pas, peut-être, à nous mettre à l'Oraison... à demeurer à l'Oraison... à penser à Dieu pendant le jour?... D'où vient cela? Ne serait-ce pas parce que nous accordons une trop grande liberté à nos sens extérieurs et intérieurs?... N'est-ce pas parce que nous nourrissons une attache trop vive à quelque objet créé?

3º IGNACE EST RESTÉ MAITRE DANS L'ART DE L'ORAISON. — Ignace a été le restaurateur de la pratique de l'Oraison, il a singulièrement contribué, pour sa part, à la remettre en honneur dans les cloîtres; il l'a surtout introduite dans le monde, parmi les diverses classes de la société, les plus élevées comme les plus humbles.

Il n'en a pas été seulement le propagateur, il en a été aussi le docteur et le législateur. La plupart des Saints parus après lui, se sont faits ses disciples à cet égard, il est devenu ainsi le maître des maîtres eux-mêmes et Saint Philippe de Néri proclamait qu'il n'avait appris l'O-raison qu'à l'école d'Ignace. Ses méthodes, en effet, sont merveilleuses : simples, elles con-viennent à tous; précises, elles préviennent toute ambiguité; sûres, elles ne prêtent à aucune illusion; variées, elles s'accommodent aux dispositions diverses, aux attraits spé-ciaux, aux circonstances particulières; dis-crètes, elles prennent chaque âme au point où elles la rencontrent; efficaces, elles conduisent doucement, mais infailliblement, à la plus haute sainteté.

= L'Oraison, l'Oraison sublime avec extases et ravissements, est un don réservé à quelques rares privilégiés ; tous n'y sauraient indistinctement prétendre, et il n'est pas nécessaire d'en être gratifié pour atteindre à la sainteté. Précieux en lui-même, ce don n'est pas exempt d'inconvénients ; ceux qui en sont favorisés le savent, et ils le redoutent d'ordinaire plus qu'ils ne le désirent... S'il est profitable aux âmes humbles et dociles, il devient aisément fatal aux âmes orgueilleuses qui refusent de se laisser guider... Il est une autre espèce d'Oraison, simple et commune en apparence, très utile pourtant, et nous devrions dire indispensable à quiconque veut servir Dieu avec perfection... Celle-ci est à la portée de toutes les bonnes volontés ; si elle est un don de Dieu, source de tout bien, elle est aussi un art, une science ; elle a ses principes et ses règles, on peut l'apprendre... Cherchons à nous instruire à ce sujet, en nous mettant sous la conduite d'Ignace.

VI

HUMILITÉ D'IGNACE

1º IGNACE AVAIT POUR LUI-MÊME UN PROFOND MÉPRIS. — Ignace était descendu si avant dans la connaissance de son néant, il s'estimait si peu, que l'orgueil n'avait en quelque sorte plus de prise sur lui ; et il avait coutume de dire que de tous les vices, celui qu'il redoutait le moins était la vaine gloire. Plein de défiance de lui-même, sans attache à son jugement, il prenait volontiers l'avis d'autrui et s'y rangeait sans peine.

Vil à ses propres yeux, il avait de lui-même les plus bas sentiments non-seulement quand il se considérait, ce qui, après tout, est un acte de raison pour quiconque scrute de bonne foi sa misère, mais il conservait ces mêmes sentiments alors qu'il se comparaît à ses frères. Il se regardait comme le dernier des pécheurs et croyait sincèrement ne mériter que le mépris, la haine des créatures et toutes sortes de châtiments. Il souhaitait qu'après sa mort son corps fût jeté à la voirie ; et pour que sa mémoire fût complètement mise en oubli quand il aurait quitté la terre, au lieu de donner son nom, comme l'usage l'y engageait, à l'Ordre qu'il avait fondé, il l'appela, non pas la Compagnie d'Ignace, mais la Compagnie de Jésus. Il a plu à ses détracteurs de voir là le fait de son excessif orgueil, au fond il n'y avait qu'une preuve de plus de son humilité.

Ce n'est pas qu'il méconnût les faveurs singulières dont il était l'objet ; mais il considérait les biens de la nature et de la grâce qui étaient en lui, comme de pures libéralités que la seule miséricorde lui accordait malgré son indignité ; et il ne s'attribuait en propre que le néant et le péché. Il entretenait la basse opinion qu'il s'était formée de lui-même en se parlant ainsi : « *En face de tous les hommes, que suis-je sinon un imperceptible atóme ? Que sont tous les hommes à côté des Anges et des Saints ? Et les Anges et les Saints ne disparaissent-ils pas en présence de la grandeur de Dieu ? Que suis-je donc moi, et quelle place occupé-je devant cette Majesté infinie ?* »

= L'orgueil irrite Dieu sur les droits duquel il entreprend ;... il a transformé les Anges en démons.... L'humilité plaît à Dieu et attire ses grâces, elle a justifié le Publicain de l'Évangile... Pour devenir humbles, songeons à ce que nous avons été,... à ce que nous sommes,... à ce que nous serons,... à ce que nous pouvons être.

2º IGNACE DÉTESTAIT LES LOUANGES, ET SE COMPLAISAIT DANS LES HUMILIATIONS. — Bien loin de chercher à paraître, Ignace fuyait ce qui pouvait le mettre en relief. Fondait-il quelque œuvre importante, il la conduisait jusqu'au point où il ne restait plus à lui donner que la dernière main ; se dérobant alors il la confiait à un autre, afin qu'on attribuât à celui-ci un succès qui lui appartenait à lui-même.

Ayant été élu, à l'unanimité, Général de sa Compagnie, il demanda avec instance qu'on recommençât l'élection; les suffrages ayant amené de nouveau le même résultat, il réitéra la confession de toute sa vie, persuadé qu'après avoir entendu ses aveux, son confesseur lui commanderait de refuser l'emploi qu'on voulait lui confier. Trompé dans son attente, il dut courber la tête sous la charge qui lui était imposée; mais en l'acceptant, il garda l'espoir de s'en délivrer un jour, quoiqu'il ne dût pas y réussir.

S'entendre louer lui était un martyre, et on raconte à ce propos un trait curieux: Le Père d'Éguia, religieux d'une éminente vertu et dépositaire des secrets de son âme, laissait échapper en toute rencontre le témoignage de la haute estime que lui inspirait la sainteté d'Ignace. Celui-ci, pour fermer la bouche à son directeur, lui adressa de sévères réprimandes; un jour, pourtant, il arriva encore que d'Éguia, s'oubliant, exprima le vœu de survivre, à Ignace, ne fût-ce que de quelques heures, « *afin*, disait-il, *de pouvoir raconter des merveilles qui rempliraient d'étonnement ceux qui les apprendraient.* » Ignace le sut et obtint de Dieu, à ce qu'on croit, que d'Éguia le précédât de quelques jours dans le ciel, et cela eut lieu en effet.

Résolu d'imiter parfaitement son Maître bien-aimé qui pour nous s'est fait le rebut du monde et a été saturé d'opprobres, son fidèle disciple désirait avec ardeur de se revêtir de la robe et des livrées du Sauveur, il avait soif d'abjection, il était insatiable de mépris. Rencontrait-il quelque part des persécutions et des outrages, il y prolongeait son séjour avec bonheur et allégresse ? Là au contraire où il savait qu'on était prévenu à son avantage, il s'efforçait de faire croire qu'il était le plus grand des criminels.

= Bien des gens seraient fort aises de posséder l'humilité, mais ils voudraient s'en trouver pourvus sans avoir à l'acquérir par l'humiliation, ils ne s'aperçoivent pas qu'ils demandent l'impossible.... Etant ce que nous sommes, c'est-à-dire, fort peu de chose, pourquoi exiger qu'on nous accorde une estime, des égards que nous savons bien ne pas nous être dûs ?

3° LES DONS DE DIEU NE SERVAIENT QU'A AFFERMIR IGNACE DANS L'HUMILITÉ. — Etre humble quand on se sent écrasé sous le poids de sa misère, ce n'est pas merveille ; mais rester humble quand Dieu nous prodigue ses faveurs, mais devenir de plus en plus humble à mesure que le Seigneur se montre plus libénal envers nous, c'est le signe d'une vertu consommée. Ignace portait l'humilité jusque-là.

Il était convaincu que ceux qui ont écrit la vie des Saints ont forcément laissé de côté, dans leurs récits, les grâces les plus excellentes dont ces amis de Dieu ont été comblés, et parlant de lui-même en confidence à quelqu'un, il disait : « *pour moi, je n'échangerais pas les miséricordes dont la divine·bonté a usé envers mon âme contre tout ce que nous lisons des Saints dans leurs histoires,* » Nous ne saurions donc apprécier, avec exactitude, les trésors accumulés par la libéralité du Seigneur dans l'âme de son serviteur, nous en connaissons assez, cependant, pour savoir qu'il reçut beaucoup en ce genre.

Les visions, les extases, les ravissements lui étaient familiers, il n'en parlait que très rarement et pour fortifier ses compagnons ; encore·était-ce avec beaucoup de réserve et seulement à la naissance de sa Compagnie. Dès qu'elle fut établie, il n'est pas croyable combien il se donnait de garde de laisser transpirer les grâces extraordinaires qu'il recevait à chaque instant. Au lieu de l'enorgueillir, ces faveurs lui fournissaient un moyen de plus de s'abaisser davantage. Il n'y découvrait que la preuve de son extrême faiblesse, de même qu'on reconnaît la vétusté d'un bâtiment et la ruine dont il est menacé, au grand nombre d'étais qu'on multiplie pour le soutenir. De là, cette pensée qu'il exprimait souvent, la rougeur au front : « *qu'il n'y avait peut-être pas sur la terre un homme chez qui les extrêmes fussent plus monstrueusement assemblés qu'en lui, c'est-à-dire, tant de châtiments mérités et tant de grâces reçues.* » Alors même qu'il était le plus profondément abîmé et, pour ainsi dire, perdu en Dieu, le sentiment de son indignité ne le quittait pas, et on l'entendait encore s'écrier : « *O Dieu infiniment bon ! comment supportez-vous un pécheur tel que moi ?* »

Prodigieuse humilité à laquelle tous, amis et ennemis, le ciel et l'enfer, rendirent un hommage significatif. Sommé au nom de l'humilité d'Ignace de sortir du corps d'un possédé, le démon s'écrie avec rage par la bouche de l'énergumène : « *L'humilité d'Ignace ! oh ! oui, elle est grande ! grande comme mon orgueil.* » De son côté, le ciel voulant donner à la terre les leçons de la parfaite humilité, députe Ignace à la bienheureuse Madeleine de Pazzi, comme si de tous les élus, nul n'était plus capable que lui de donner un si sublime enseignement !

= Si Dieu ne nous enrichit pas de ses dons les plus précieux, comme il le souhaiterait et comme nous le désirons nous-mêmes, n'est-ce pas parce qu'il sait que nous en abuserions pour notre perte ?

VII

CONFIANCE D'IGNACE ENVERS DIEU

1° LA CONFIANCE D'IGNACE A L'ÉGARD DE
DIEU ÉTAIT SANS BORNES. — Ce qu'Ignace eut
à endurer d'ennuis, d'opprobres, de contradictions, de persécutions, pendant presque toute
sa vie, est prodigieux, dit à son sujet le bréviaire romain ; néanmoins au milieu de tout
cela, son calme, son égalité d'âme, sa sérénité
ne souffraient aucune atteinte, parce qu'il
avait, en Dieu, une confiance absolue.

Il se remettait tellement à la Providence du
soin de tout ce qui le concernait, qu'il passait
pour téméraire aux yeux de ceux qui ne
jugeaient sa conduite qu'avec les idées de la
chair : « *Quiconque, disait-il, veut faire pour
Dieu de grandes choses, doit se garder d'être trop
sage ; et si les Apôtres n'avaient consulté que la
prudence humaine, le monde serait encore payen.* »
Que le souverain Pontife lui en eût donné
l'ordre, « *il était prêt, disait-il, à se jeter sur le
champ dans la première barque venue, eût-elle été
sans voiles et sans gouvernail, pour aller jusqu'aux
extrémités de la terre.* »

Loin d'être ébranlée ou diminuée, sa confiance tirait une nouvelle force de la difficulté
même des affaires et de la privation de tout
secours humain ; le nombre et la grandeur des

obstacles étaient à ses yeux le présage et la garantie du succès. Au moment de s'embarquer pour Jérusalem, ses amis l'ayant contraint, par leurs importunités, d'accepter un peu d'argent, il se reprocha immédiatement cette condescendance comme un acte de défiance injurieux au Seigneur, et il s'empressa de le réparer en distribuant aux pauvres ce qu'il avait reçu. Quelqu'un lui faisant remarquer qu'une de ses œuvres ne subsistait que par un miracle, il répondit : *« Il n'y a pas là de miracle, mais il y a en aurait un très grand, si Dieu abandonnait ceux qui mettent en lui leur espoir. »*

= La confiance honore Dieu en rendant hommage à sa bonté, et à sa puissance... Elle est la condition et la mesure des bienfaits que nous lui demandons... Il l'exige de nous, il est vrai, mais elle est si douce ! n'est-ce pas assez déjà qu'il nous la permette ?... Une âme qui manque de confiance est presque fatalement vouée à se perdre.

2º LA CONFIANCE D'IGNACE ÉTAIT DIRIGÉE PAR LA PRUDENCE CHRÉTIENNE. — Sa règle à cet égard était formulée dans cette maxime d'une admirable sagesse. *« Dans les rencontres difficiles, il faut s'abandonner à Dieu avec une entière confiance comme si le succès devait venir uniquement d'en haut par une espèce de miracle ; mais, en même temps, il faut agir sans se ménager comme si nous n'avions à compter que sur nous, et que nous ne dûssions attendre aucun secours de Dieu.* » Il appelait donc à son aide tous les moyens naturels qu'il était en son pouvoir d'employer, mais il ne se bornait pas à recourir à eux ; il se servait surtout de ceux que la foi met à notre disposition.

Pour se concilier plus sûrement la bienveillance du Seigneur, il s'adressait à toute la cour céleste, il conjurait instamment la bienheureuse Vierge de l'appuyer de son crédit auprès de son divin Fils ; sous les auspices de Jésus rendu favorable par sa Sainte Mère, il s'encourageait à paraître devant le Père céleste ; rassuré alors contre son indignité personnelle, soutenu par les intercesseurs qu'il s'était gagnés, il se présentait sans crainte de refus au pied du trône de la suprême Majesté.

= La confiance chrétienne doit éviter deux écueils opposés, celui de la présomption et celui de la pusillanimité. Le présomptueux espère, mal à propos, ce qui ne lui a pas été promis, il se persuade que Dieu accomplira tout sans rien exiger de lui, et il s'expose volontairement au danger, attendant un miracle pour l'empêcher de succomber... Le pusillanime ne regarde que sa propre impuissance, il ne se fie pas aux promesses du Seigneur qui s'est engagé à lui procurer le secours dont il a besoin... Tous deux outragent Dieu et se préparent des catastrophes.

4

3° LA CONFIANCE D'IGNACE A SOUVENT OBTENU DES MIRACLES. — Bien des fois, par des évènements qui tenaient du prodige, Dieu a pourvu aux nécessités d'Ignace, écartant les dangers qui le menaçaient, faisant éclater son innocence d'une manière inattendue, donnant une heureuse issue à ses entreprises les plus hardies.

Importuné par les remontrances d'Ignace qui leur reprochait leur vie criminelle, les gens d'un vaisseau, sur lequel il naviguait, avaient résolu de l'abandonner en le jetant à la côte, mais chaque fois qu'ils se dirigeaient vers le rivage pour exécuter leur projet, un vent impétueux repoussait le navire et l'empêchait d'aborder.

Une nuit, à Venise, Ignace prenait son repos sur la place de Saint-Marc; tout à coup un sénateur, qui mourut plus tard en odeur de sainteté, est éveillé par une voix qui lui crie : « *Tu es mollement couché dans un lit délicat, et mon serviteur est délaissé sous le portique, exposé aux intempéries de l'air, sans que personne songe à le recueillir.* » A l'instant le sénateur se lève, se met à la recherche de l'inconnu et le ramène chez lui.

Un vil apostat démasqué par Ignace, l'accuse d'hérésie auprès du gouverneur de Rome. A l'appui de son imposture, il produit un autre misérable assurant avec serment que, lui présent, en Espagne, en France, en Italie, Ignace condamné pour ses crimes, a dû prendre la fuite afin d'échapper au châtiment. Et voilà qu'au moment même, amenés par des circonstances providentielles, les trois juges d'Ignace à Alcala, à Paris, à Venise, se trouvent réunis à Rome et confondent les calomniateurs.

Lors de l'établissement du Collège romain, Ignace n'avait guère que des dettes, il n'en accueillait pas moins tous les sujets qui se présentaient, et toujours les ressources s'accrurent en proportion des charges. Quelqu'un lui demandant d'où il espérait tirer de quoi soutenir une maison si considérable, le Saint énuméra les assistances qu'il recevait des âmes pieuses. « *Mais*, lui objecte son interlocuteur, *tout cela ne va pas à la moitié de la somme nécessaire. — Dieu n'est-il pas là pour le reste*, répond Ignace, *et pour compter sur lui, attendrons-nous que les fidèles nous y encouragent ? Pour moi je suis assuré de trouver dans les mains de Dieu ce que les hommes ne me donneront pas ; si les hommes ne me donnent rien, Dieu me donnera tout.* » Une partie des constructions ne tarda pas à être achevée et une trentaine d'hôtes s'y abritèrent bientôt. Ignace voulut qu'on poursuivît, il commanda au recteur de faire préparer des chambres, des meubles et des vivres, pour de nouveaux habitants dont le nombre s'élèverait bientôt à cent. Le Recteur obéit, d’abondantes aumônes arrivèrent ; au temps marqué tout fut prêt. Aussi celui qu’Ignace avait préposé au soin du temporel avait coutume de dire : « *Quand j’ai une dépense à faire, je ne m’inquiète pas de savoir si j’ai de l’argent, mais si Ignace l’a ordonné ; sa parole vaut mieux pour moi qu’un trésor.* »

Plus d’une fois, dans les maisons où il était, il arriva qu’après le signal donné pour se mettre à table, il ne se trouvait pas un seul morceau de pain, et qu’à cet instant même, des provisions étaient envoyées par charité, sans qu’on sût d’où elles venaient.

Pendant que le Saint Fondateur se rendait auprès du Pape pour solliciter l’approbation de sa Compagnie contre laquelle s’élevaient de puissantes oppositions ; étant entré dans une église pour y prier, il vit le Père éternel le présentant à son Fils, et recommandant à celui-ci de prendre Ignace sous sa protection ; en même temps, il vit le Sauveur chargé d’une pesante croix se tourner vers lui, et il l’entendit lui dire avec bonté : « *Je vous serai propice à Rome.* »

= Cherchons, avant tout, le royaume de Dieu et sa justice ; le reste nous sera donné par surcroît. Notre-Seigneur en a pris l’engagement, il sera fidèle à le tenir.

VIII

CHARITÉ D'IGNACE

1º IGNACE A AIMÉ DIEU PAR DESSUS TOUTES CHOSES. — La charité est, par excellence, l'amour dont nous devons aimer Dieu ; elle est un amour de prédilection et de choix qui nous rend Dieu plus précieux, plus *cher* que tout le reste ; elle est l'unique amour qui aime Dieu comme il mérite d'être aimé de nous. Dieu, en effet, étant *seul* infiniment aimable, nous ne l'aimons pas assez aussi longtemps que nous ne l'aimons pas plus que tout autre objet. Cette préférence accordée à Dieu sur tout ce qui n'est pas lui, est indispensable à la charité, elle constitue son essence, sans elle la charité n'existe pas.

L'amour d'Ignace pour son Créateur s'élevait jusque-là ; il ne se bornait pas à des sentiments ni à des paroles toujours plus ou moins suspects, il certifiait sa sincérité par les œuvres. En face d'un commandement formel ou même du simple bon plaisir de Dieu entrevu, deviné, rien au monde n'arrêtait Ignace ; quoi qu'il lui fallût sacrifier, y allât-il même de sa vie, il ne balançait plus, il n'hésitait pas un instant, il était sans cesse prêt à tout entreprendre et à tout souffrir pour contenter son Maître bien-aimé. C'était là sa disposition habituelle et constante, il l'avait, pour ainsi parler, acclimatée chez lui, il l'avait naturalisée dans son âme. Aussi pouvait-il, avec l'Apôtre, jeter à toutes les forces conjurées de la terre et de l'enfer ce noble défi : qu'il n'était au pouvoir d'aucune créature, quoi qu'elle fît, de le séparer de la charité de Jésus-Christ, d'y éteindre l'amour dont il brûlait pour Dieu. Toute son ambition consistait à ce que chacun possédât cette même disposition dans toute sa plénitude ; et pour la faire acquérir aux autres, il les poussait à y aspirer en leur proposant, dans ses *Exercices,* ce qu'il appelle *le premier et le second degré de l'humilité.*

= La charité n'est pas une vertu facultative et de simple conseil, elle est obligatoire et de précepte rigoureux. L'Apôtre enseigne que sans elle les autres vertus ne nous conduiraient pas au salut... Se flatter d'avoir la charité sans observer la loi, est une illusion funeste.... Pouvons-nous nous rendre le témoignage que nous avons la charité, c'est-à-dire, tenons-nous compte des désirs du Seigneur ?... Gardons-nous du moins ses commandements ?

2º IGNACE A AIMÉ DIEU POUR LUI-MÊME ET IL N'A AIMÉ TOUT LE RESTE QUE POUR DIEU. — Le second élément de la véritable charité n'est pas moins essentiel que le premier, il consiste à aimer Dieu pour lui-même, et le reste par rapport à Dieu.

Dans le cœur séraphique d'Ignace il n'y

avait, à proprement parler, qu'un seul et unique amour, tous les autres prenant les ordres de celui-ci et se confondant avec lui. Ignace s'aimait lui-même, il ne pouvait faire autrement car la nature nous impose cet amour et, loin de détruire la nature, la grâce la perfectionne. Ignace aimait ses frères, puisque Dieu nous ordonne d'aimer notre prochain ; mais il s'aimait et il aimait les autres à cause de Dieu et en Dieu. Disons mieux, c'est Dieu qu'il aimait en s'aimant lui-même et en aimant les hommes. En lui-même et dans les autres, il aimait les créatures de Dieu, formées à l'image et à la ressemblance divines, rachetées au prix du sang du Fils de Dieu, destinées à jouir de la félicité de Dieu. Aussi, plus une créature se rapprochait de Dieu par quelque trait particulier, plus elle devenait pour son fidèle serviteur l'objet d'une prédilection spéciale ; c'est ainsi qu'il marquait plus de tendresse pour les petits pour les pauvres, pour les affligés, qui lui représentaient ceux que Jésus-Christ avait entourés d'une singulière affection pendant son séjour sur la terre.

Quant à Dieu, il l'aimait uniquement pour lui-même. En fuyant le mal et en pratiquant le bien, il ne cherchait pas à éviter des châtimens ni à s'assurer une récompense, il ne prétendait que témoigner à Dieu son amour ; et pour tout salaire il ne sollicitait, il ne souhaitait qu'un accroissement d'amour. Dans sa belle prière : « *Recevez, Seigneur, etc...,* » qu'il récitait plusieurs fois le jour, il disait : « *Donnez-moi seulement votre amour avec votre grâce, si je les obtiens, je suis assez riche et je ne vous demande quoi que ce soit de plus.* » Empruntant les accents enflammés du Roi-prophète, il ne se lassait pas de répéter : « *Qu'y a-t-il pour moi au ciel et que veux-je que vous m'accordiez sur la terre ? n'est-ce pas vous-même, ô le Dieu de mon cœur et mon partage pour l'Éternité ?* » Recherchant un jour ce qui lui serait le plus sensible, si Dieu le mettait en enfer pour ses péchés, il écrivit ces paroles bien dignes de notre admiration. « *Il me semble que les supplices ne me seraient rien en comparaison de la peine que me causeraient les blasphèmes que je serais contraint d'entendre vomir contre la suprême Majesté.* »

= Afin de nous maintenir dans la ligne du devoir, il est permis et salutaire de nous aider de la pensée des récompenses et de celle des châtiments. Ne nous piquons pas sur ce point d'une fausse spiritualité que l'Église réprouve.... La crainte et l'espérance sont des vertus, nous devons les estimer, les posséder, et à l'occasion leur faire produire les actes qui leur sont propres... Il faut néanmoins, de temps en temps, oublier notre propre intérêt et nous efforcer d'agir purement dans la seule vue de prouver à Dieu notre amour.

3º IGNACE AIMAIT DIEU DE TOUT SON CŒUR, DE TOUTE SON AME, DE TOUTES SES FORCES. — Dieu veut, et veut avec justice, que nous l'aimions de l'absolue totalité de notre être et de toute la puissance de nos facultés ; c'est pour que nous l'aimions ainsi qu'il nous a faits ce que nous sommes, qu'il nous a donné ce que nous avons.

Les ravages produits dans la nature humaine par le péché originel nous mettent désormais hors d'état d'accomplir parfaitement, sur la terre, cette partie importante du commandement ; et ce n'est que dans l'autre vie, alors que tout rentrera dans l'ordre, que nous y satisferons comme il le faut. Seule parmi tous les enfants d'Adam, la bienheureuse Vierge Marie, par un privilège attaché à son Immaculée Conception, a toujours, dès ici-bas, aimé Dieu autant qu'elle en était capable.

Toutefois, même avant de quitter ce monde, quelques grands Saints sont parvenus, sinon à atteindre cette dernière cime de la charité et à s'y établir avec stabilité, du moins à s'en approcher de bien près et d'une manière habituelle. Ignace est l'un d'eux sans contredit, lui qui assurait que la vie lui serait intolérable s'il venait à découvrir dans son âme quelque affection que la charité n'eût pas encore divinisée. Tout dans ses discours et son maintien trahissait le feu intérieur qui le consumait.

Pour le désigner à ceux qui ne le connaissaient pas, on se contentait de dire : « *C'est cet homme qui lève sans cesse les yeux au ciel et qui parle toujours de Dieu.* » Tous ses catéchismes se terminaient invariablement par ces mots : « *Aimez Dieu de tout votre cœur, de toute votre âme et de toute vos forces.* » Quand il envoyait un des siens remplir quelque ministère, il lui adressait ces paroles en guise d'adieu : « *Allez mon frère, enflammez et embrasez tout du feu que Jésus-Christ est venu apporter à la terre.* » La charité le faisait vivre en quelque sorte. Au témoignage des médecins, son existence ne se prolongeait que par un prodige ; et il lui est échappé à lui-même de l'avouer en disant : « *Si pour me soutenir je n'avais que les forces de la nature, je ne tarderais pas à succomber.* »

= Tout notre cœur appartient à Dieu, offrons-le lui tout entier.... Ce cœur est-il donc quelque chose de si considérable que nous refusions de le donner sans réserves ?.... Que ferions-nous de ce que nous en retiendrions ?.... « *Vous nous avez faits pour vous, Seigneur,* s'écrie à ce propos Saint Augustin, *et notre cœur ne trouvera jamais le repos aussi longtemps qu'il ne le cherchera pas en vous !* »

IX

ZÈLE D'IGNACE POUR LE SALUT DES AMES

1º SENTIMENTS D'IGNACE POUR LE SALUT DES AMES. — Le zèle n'est pas autre chose qu'une charité intense, il est à la charité ce que la flamme est au feu. Si la charité est bien ardente, elle ne peut se renfermer au dedans, elle s'y trouve à l'étroit, il faut qu'elle éclate au dehors et qu'elle se répande embrasant autour d'elle les cœurs qu'elle rencontre.

Le zèle des âmes est un des traits les plus caractéristiques de la grande figure d'Ignace, et ce zèle se trahissait chez lui en toutes circonstances.

Jusqu'au milieu de ses extases il s'occupait des âmes. « *O mon Dieu ! O mon Seigneur !* l'entendait-on souvent s'écrier en pareil cas, *que n'êtes-vous connu, que n'êtes-vous aimé des hommes ! s'ils vous connaissaient, s'ils vous aimaient, il n'y aurait plus d'enfer !* » — « *Que je serais heureux*, disait-il un jour, *d'endurer mille et mille fois la mort pour sauver une âme !* » Sur la fin de sa vie, malgré le mauvais état de sa santé et les affaires importantes dont il était accablé comme Général de la Compagnie, il travaillait encore personnellement à la conversion des pécheresses publiques, il allait lui-même les retirer de maisons infâmes et les conduire à travers les rues de Rome en lieu de sûreté. « *Père Ignace*, se hasarda à lui représenter quelqu'un, *vous prenez une peine superflue, ces malheureuses ne tarderont pas à retomber dans leurs désordres. — Et quand, ce qu'à Dieu ne plaise, il en devrait être ainsi*, répondit le Saint, *ne serais-je pas déjà trop payé si je parvenais à leur épargner un seul crime ?* » C'est encore lui qui a prononcé cette parole magnanime que bien peu, parmi les meilleurs, voudraient s'approprier : « *S'il m'était donné de choisir, j'aimerais mieux continuer à vivre pour servir Dieu et le prochain avec l'incertitude de jouir plus tard du bonheur céleste, que de mourir avec l'assurance d'entrer sur le champ dans la béatitude éternelle.* »

= Des multitudes innombrables d'idolâtres gémissent à l'ombre de la mort ; des millions d'hérétiques et de schismatiques restent en dehors du bercail où il leur faudrait rentrer pour échapper à la damnation ; chez les catholiques eux-mêmes, ceux qui vivent de façon à obtenir la vie éternelle se font de plus en plus rares ; le genre humain presque tout entier court à sa perte ; si nous sommes insensibles, si nous ne formons des vœux en faveur de tous ces malheureux, où est notre zèle ? et que notre charité est languissante et près de s'éteindre tout-à-fait !

2° TRAVAUX D'IGNACE POUR LE SALUT DES AMES. — La compassion que fait naître la pensée du sort affreux réservé aux pécheurs ne doit point être stérile, mais nous porter à entreprendre de leur venir efficacement en aide. Ignace l'a compris et pratiqué ainsi.

A peine converti Ignace est déjà un apôtre, il sera tel jusqu'à son dernier souffle. Une seule pensée, un seul désir l'occupent et dictent désormais toutes ses démarches : empêcher à tout prix ses frères d'outrager la majesté divine et de se perdre. A cet effet il renonce à la solitude qui a pour lui tant de charmes, il se condamne à revenir parmi les hommes. Tout lui est bon d'ailleurs et rien ne lui semble impossible dès qu'il s'agit de la conversion des pécheurs. Dans ce but, il recourt parfois à d'étranges expédients, comme quand il se plonge dans un étang glacé pour arrêter un libertin sur le chemin du crime ; ou encore quand pour faire rentrer en lui-même un mondain, il consent à prendre part à un jeu qui lui était inconnu, à la condition que si cet homme perd la partie, il fera durant un mois une retraite sérieuse. Afin de retirer du vice une âme sacerdotale, n'a-t-il pas été jusqu'à se jeter aux pieds d'un prêtre coupable, pour lui faire une confession générale des fautes de sa vie entière, et par l'abondance des larmes qui accompagnent ses aveux, essayer de briser, de repentir le cœur de cet endurci ? C'est également en vue du salut du prochain, qu'ayant reconnu la nécessité des lettres humaines pour travailler avec plus de fruit au bien des âmes, il revient, à trente-trois ans, s'asseoir sur les bancs de l'école, au milieu des petits enfants ; résolution héroïque qu'il exécute malgré la séduisante tentation de vaquer à la prière et à la contemplation. C'est encore, c'est toujours pour rendre service aux âmes qu'il compose ses *Exercices spirituels*, ouvrage incomparable, écrit sous la dictée de la Reine du ciel elle-même ; manuel classique trop peu connu de la vie spirituelle, dans lequel la transformation surnaturelle de l'homme est réduite merveilleusement en art ; livre enfin que saint Charles Borromée appelait son unique bibliothèque, et dont saint François de Sales disait qu'il avait sanctifié plus d'âmes qu'il ne renfermait de lettres.

= Travaillons-nous à sauver des âmes ? Qu'avons-nous jusqu'ici entrepris pour cela ?... Ce que nous avons fait peut-il soutenir le parallèle avec ce que nous n'hésitons pas à accomplir dans une épidémie, dans un naufrage, dans un incendie pour conserver quelques jours d'une vie misérable à l'un de nos semblables ?..... Et il s'agit ici d'une vie qui durera toute l'éternité, dans les supplices ou la félicité !..... Ce que nous faisons pour sauver des âmes est-il comparable aux efforts, aux sacrifices que l'enfer et ses suppôts s'imposent journellement pour les entraîner à leur perte.

3° ŒUVRES D'IGNACE POUR LE SALUT DES AMES. — Le bien que les actes d'un zèle isolé opèrent, une fois, dans un lieu déterminé, en faveur de telle ou telle âme, les œuvres l'étendent à un plus grand nombre en l'universalisant et en le perpétuant. Fonder solidement des œuvres de zèle c'est avoir découvert le secret de se multiplier et de se trouver sur plusieurs points à la fois, le secret de se survivre en dépit de la mort pour travailler dans le champ du père de famille que ne limitent plus désormais ni l'espace ni le temps.

La grande œuvre d'Ignace pour le bien spirituel du prochain a été sans contredit l'établissement de sa Compagnie. Par cette Compagnie toujours attaquée, il est vrai, mais que trois siècles d'existence laissent encore sur la brèche au premier rang des défenseurs de l'Eglise, Ignace a embrassé pour tous les temps et tous les lieux, les divers genres de services qui peuvent être rendus aux âmes. Mais cette œuvre n'est pas la seule qu'Ignace ait menée à bonne fin ; il en a accompli beaucoup d'autres, dont chacune suffirait à sa gloire et que l'immensité de la première ne saurait sans injustice reléguer dans l'ombre. Un grand nombre de cités le réclament chacune comme son apôtre particulier ; la seule ville de Rome ne lui doit-elle pas des orphelinats, des catéchuménats pour les juifs, des maisons de refuge pour le repentir et de préservation pour l'innocence menacée? Il l'a dotée encore du fameux *Collège germanique*, pépinière d'ouvriers infatigables qui, en quelques années, arrêtèrent la marche envahissante du protestantisme, et lui reprirent bien des positions enlevées à l'Eglise catholique. C'est encore par ses soins que furent instituées les prières des *Quarante-Heures* aujourd'hui répandues dans l'univers.

= Rien n'est plus agréable à Dieu que les œuvres ayant pour objet le salut des âmes, ces œuvres réalisent son vœu le plus cher ;... rien n'est plus utile au prochain, elles lui procurent tous les biens désirables ;... rien n'est plus salutaire pour nous, c'est la meilleure des pénitences, celle que Jésus-Christ a imposée à saint Pierre en lui pardonnant sa chute... c'est le moyen d'amasser d'immenses trésors de mérites... Ne nous contentons pas de faire de temps en temps quelques actes de zèle, entrons dans les œuvres. Soutenons les anciennes d'abord,.... mais n'ayons pas de parti pris contre les nouvelles qui chercheraient à s'établir. Des besoins nouveaux demandent des œuvres nouvelles.

X

ZÈLE D'IGNACE POUR LA GLOIRE DE DIEU

1º Le zèle de la gloire de Dieu dévo-
rait Ignace. — Le cœur d'Ignace n'avait
qu'une passion, celle-là même qui possède le
cœur de Dieu et qui est le principe, le terme et
la règle de tout ce qu'il a fait. En tirant le
monde du néant, Dieu s'est proposé une fin
unique à laquelle il rapporte tout ; il a voulu
se procurer au dehors et dans le temps, par le
moyen de ses créatures, une gloire semblable
à celle qu'il se procure au dedans de lui-même,
de toute éternité, par la complaisance infinie
qu'il prend à contempler ses adorables perfec-
tions. Les créatures ont donc pour devoir essentiel et indispensable de glorifier Dieu,
comme il se glorifie lui-même, c'est-à-dire, en
s'efforçant de le connaître, de l'aimer et d'accomplir sa volonté et son bon plaisir.

Dès qu'Ignace eut compris cette vérité, il
ne vécut plus que pour glorifier Dieu, et cela
non pas d'une manière quelconque seulement,
mais aussi excellemment qu'il dépendait de lui
d'y parvenir. Pour lui, ce n'est pas assez que
ses œuvres ne donnent lieu à aucun blâme, il
veut qu'elles rendent à Dieu tout l'honneur
possible ; le bien ne lui suffit pas, s'il lui est

5

permis d'aspirer au mieux. C'est ce qu'il a cherché à exprimer dans cette noble devise qu'on retrouve à chaque instant dans sa bouche et sous sa plume : « *Ad majorem Dei gloriam.* »

A cet effet, avant de rien entreprendre, il s'arrête un instant afin de découvrir et d'embrasser parmi les diverses choses qui se présentent à accomplir, celle qui lui fera mieux connaître, aimer davantage et contenter Dieu plus parfaitement. S'il châtie rudement son corps, ce n'est pas pour désarmer la justice divine et échapper à ses vengeances, c'est pour réparer le tort causé à la gloire de Dieu par ses fautes passées. Il brûle du désir d'aller au Ciel, non pour se reposer de ses travaux et y jouir des mérites qu'il s'est acquis, mais pour être en état de louer enfin dignement la souveraine grandeur qu'on n'exalte jamais aussi bien que, quand on la contemple, face à face, dans la pleine lumière de la béatitude.

= Nous devons et nous pouvons glorifier Dieu par toutes nos actions, sans en excepter les plus humbles, puisque l'apôtre nous y exhorte ;... pour cela, nous n'avons qu'à diriger notre intention... La gloire extérieure de Dieu est indéfiniment susceptible d'accroissement ;... efforçons-nous de la dilater de plus en plus.

2º IGNACE A EXERCÉ SUR LUI-MÊME SON ZÈLE POUR LA GLOIRE DE DIEU. — Le grand,

le seul ennemi de Dieu en nous, c'est nous-
même, c'est l'amour-propre, c'est l'égoïsme.
Au lieu de se porter à aimer Dieu comme il
mérite d'être aimé, c'est-à-dire par-dessus
toutes choses, notre nature déchue nous pousse
désormais à nous préférer à tout le reste ou
plutôt même à n'aimer que nous. Afin de se
rendre un instrument propre à glorifier Dieu,
en se ramenant à tout prix à la rectitude originelle, Ignace résolut de contrarier sans mé-
nagement, constamment et en tout, ses inclinations corrompues.

« *Renoncez-vous vous-même, domptez-vous vous-
même* », répétait-il sans cesse ; et cette recom-
mandation pressante qu'il adressait aux autres,
il la prit si bien pour lui, qu'il se refit en
quelque sorte de fond en comble, au dedans
et au dehors. Pour l'extérieur, il en conduisit
les choses à ce point, que les médecins eux-
mêmes y furent trompés et qu'ils mirent parfois sa vie en danger, le croyant d'un tempé-
rament lymphatique tandis qu'il était naturel-
lement bilieux. Pour l'intérieur, il était devenu
tellement maître de ses passions, qu'au lieu
de subir leurs impressions, il les excitait et les
modérait, les soulevait ou les apaisait, pour
ainsi parler, à volonté.

Par suite, les évènements les plus étranges
et les plus inopinés, n'altéraient en rien la sérénité de son âme. Il se trouvait un jour dans

une assemblée de piété qu'il entretenait des choses spirituelles. Une personne qui avait l'air fort troublé se présente, s'approche de lui et lui murmure mystérieusement quelques mots à l'oreille. « *C'est bien* », répond tranquillement Ignace en congédiant cet homme, et il continue à discourir une heure encore sans que ses traits trahîssent la moindre émotion. « *Père,* lui demande-t-on en le reconduisant quand il eut terminé, *ne vous a-t-on pas apporté une nouvelle fâcheuse ? — On ne m'a rien appris,* répond Ignace, *sinon que les gens de justice sont dans notre maison et saisissent nos meubles. Mais s'ils nous enlèvent nos lits, nous dormirons très bien sur le plancher.* »

Aussi, qu'il fût malade ou en bonne santé, tranquille ou persécuté ; quand on avait une affaire à traiter avec lui, on n'avait pas à redouter que ces circonstances accidentelles influâssent sur l'accueil qu'on en recevrait, sur la décision qu'il prendrait.

Les médecins lui ayant ordonné d'écarter toute pensée pénible, il se demanda s'il y avait quelque chose qui pût bien l'attrister. Après avoir cherché quelque temps, il ne trouva qu'un événement de nature à lui causer du chagrin : c'était la ruine de l'œuvre de sa vie, la destruction de sa chère Compagnie. Il continua à réfléchir, et il lui sembla qu'alors même qu'un semblable malheur viendrait à se réaliser, un quart d'heure de méditation suffirait à le consoler, pourvu que cette destruction ne fût pas arrivée par sa faute.

= Le renoncement, l'abnégation en tout et toujours, voilà la condition de la sainteté. C'est la doctrine de Notre Seigneur, dont l'auteur de l'Imitation s'est fait l'écho fidèle quand il a écrit cette parole, inculquée en toutes rencontres et avec tant de force par Ignace : « *Vous ne ferez de progrès qu'à proportion que vous vous ferez violence.* »

3º IGNACE A EXERCÉ A L'ÉGARD DU PROCHAIN SON ZÈLE POUR LA GLOIRE DE DIEU. — Dans le but de faire glorifier Dieu par les autres, Ignace déployait une merveilleuse industrie : il se faisait tout à tous pour les gagner tous à Jésus-Christ. On sait ce que lui a coûté de temps et de peines la conquête du seul François-Xavier ; mais ce qu'il a fait pour Xavier, il l'a fait pour tous ceux avec qui il avait quelques rapports.

Avant d'aborder quelqu'un, il étudiait ses inclinations pour s'insinuer plus facilement auprès de lui et ne l'entretenait au commencement que de sujets propres à l'intéresser. Aux marchands, il parlait de leur négoce, et aux matelots des choses de la mer ; avec les politiques, il mettait le propos sur les affaires publiques, et entrait, autant que possible, dans les sentiments de chacun. Il s'efforçait de rendre aux uns et aux autres toutes sortes de bons offices et les amenait ainsi insensiblement à ce qu'il souhaitait. C'était ce qu'il appelait : « *Entrer par la porte du prochain pour le faire sortir par la sienne.* » On ne saurait dire le grand nombre de personnes qu'il gagna ainsi à Dieu.

= Nous avons à cœur la conversion de certains pécheurs, par nos façons de traiter avec eux, leur facilitons-nous cette conversion ?... Nous pourrions leur abréger le chemin du retour ; faute d'un peu de condescendance, ne le leur laissons-nous pas parcourir dans toute sa longueur avec danger qu'ils ne s'arrêtent ou même ne retournent en arrière.... Rappelons-nous les touchantes paraboles de la femme qui a perdu sa drachme, du pasteur qui va à la recherche de la brebis égarée, du père de l'enfant prodigue. Rappelons-nous la conduite du Sauveur envers Zachée, Matthieu, Pierre ; et sa mansuétude à l'égard de Madeleine, de la Samaritaine, de la femme adultère. Notre Seigneur est notre modèle, sachons nous inspirer de ses exemples.

XI

MORT PRÉCIEUSE D'IGNACE

1º DÉSIR QU'IGNACE AVAIT DE LA MORT. — Ignace avait soixante-cinq ans et il y en avait trente-cinq qu'il s'était donné sans réserve au Seigneur et se dépensait tout entier à son service. Il avait déclaré qu'il mourrait content si, avant de quitter la terre, il lui était donné d'atteindre trois grands objets qui lui étaient surtout à cœur. L'un était de voir sa Compagnie érigée en Ordre religieux par l'autorité de l'Église, l'autre de voir le livre de ses *Exercices* revêtus de l'approbation du Saint-Siège, le troisième de pouvoir terminer et faire adopter par tous ses enfants les *Constitutions* qu'il avait entrepris de dresser pour eux. Ces trois grâces lui étaient enfin accordées. Sa Compagnie partagée en douze provinces possédait plus de cent collèges et était répandue dans tout l'univers; elle venait même de cueillir la palme du martyre en la personne de trois des siens massacrés par les infidèles. Rien ne le retenait plus ici-bas et il avait hâte d'être rappelé de cette vallée d'exil.

Les fréquentes apparitions dans lesquelles le Sauveur se communiquait à lui et daignait même, quelquefois, l'étreindre amoureusement sur sa poitrine sacrée, le brûlaient de plus en plus du désir de voir son Seigneur face à face et tel qu'il est en lui-même. Il regardait fréquemment le ciel, puis abaissant sur la terre un œil de dédain, il s'écriait : « *O terre, que tu es méprisable quand j'aperçois le ciel !* »

Bien que le besoin de travailler à la gloire de Dieu l'empêchât de demander à sortir de ce monde, les affections de son âme étaient une prière muette mais expressive en ce sens. Sans cesse il envoyait au Roi de gloire ses vœux, ses soupirs, ses larmes pour lui annoncer qu'il languissait d'amour, et le conjurer de laisser enfin son serviteur venir paisiblement à lui.

S'il entendait quelqu'un des siens former des projets pour l'année suivante, il s'écriait : « *Où trouvez-vous le courage de penser qu'il vous reste tant de jours à vivre ? Et puisque l'incertitude de votre dernière heure vous permet encore l'espérance d'aller bien plus tôt jouir de Dieu, comment nourrissez-vous une pensée qui devrait au contraire vous affliger ?*

Au seul souvenir de la mort, Ignace goûtait de telles délices que des larmes de bonheur s'échappaient de ses yeux. S'il lui survenait un redoublement d'infirmité, la perspective de se réunir bientôt à l'objet de son amour lui causait une si vive allégresse que son mal s'en aggravait d'une manière très notable et que les médecins lui recommandaient d'éloigner des pensées qui tendaient à rendre tous leurs soins inutiles.

= La nature redoute instinctivement la mort, et ses craintes n'ont en elles-mêmes rien de répréhensible.... Pour les modérer, la foi nous fait envisager la mort comme un passage d'un monde misérable à un monde meilleur... Est-ce seulement la nature qui, en nous, redoute la mort ?.... Nos appréhensions ne proviennent-elles pas de l'état de notre conscience ?.... s'il en est ainsi, réglons notre conduite et la mort nous paraîtra moins amère.... peut-être même aura-t-elle pour nous des charmes. C'est ce qu'a heureusement expérimenté un enfant d'Ignace, le pieux et docte Suarez qui, arrivé à son heure dernière, pour exprimer ce qu'il ressentait, laissa échapper cette ravissante parole : *« Je ne savais pas qu'il fût si doux de mourir. »*

2º SENTIMENTS D'IGNACE AUX APPROCHES DE LA MORT. — C'est surtout au moment où il vont quitter la terre que les serviteurs de Dieu se révèlent tout entiers et apparaissent enfin ce qu'ils sont. Grands durant leur vie, ils se montrent plus grands encore en face de la mort.

Ignace avait reçu l'assurance de son prochain départ pour le séjour des élus. Il écrit en secret à quelques amis pour prendre congé d'eux et leur promettre de ne les pas oublier dans la patrie céleste. Il souhaitait sortir de ce monde sans qu'on s'en aperçût, afin de n'être à charge à personne, et pour que des visites importunes ne vînssent pas l'empêcher de se préparer avec tranquillité au grand voyage ; il fut exaucé.

Il ressent tout à coup une défaillance générale, qu'on prend pour une aggravation de sa faiblesse habituelle. Nul ne conçoit d'alarmes pour lui ; de tous les malades il est le seul sur le compte duquel on est sans inquiétude. Les médecins eux-mêmes rassurent ceux qui seraient tentés d'avoir quelque appréhension.

Ignace ne s'y trompe pas, il obtient qu'on lui apporte la communion et la reçoit avec une ferveur angélique. Un peu plus tard il prie son secrétaire d'aller solliciter pour lui la bénédiction apostolique. Celui-ci qui avait d'importantes correspondances à expédier le jour même et qui ne croyait pas Ignace si près de sa fin, lui demande s'il ne peut pas différer jusqu'au lendemain : « *Faites comme vous voulez*, répond le Saint, *je remets tout à votre bon plaisir.* »

Demeuré seul pendant la nuit, Ignace l'emploie tout entière à s'entretenir avec Dieu. Quand on vient le trouver à la pointe du jour, il était à toute extrémité. On court en toute hâte auprès du Pape qui accorde au mourant sa bénédiction. Cependant une multitude d'Anges entoure le lit d'Ignace, la Bienheureuse Vierge et son adorable Fils viennent chercher son âme qui s'envole doucement en prononçant les saints noms de Jésus et de Marie.

= La mort des saints est précieuse devant le Seigneur.... celle des pécheurs est affreuse.... Il ne dépend pas de nous d'éviter la mort ; mais il dépend de nous de mourir comme les saints ou comme les réprouvés.... Choisissons pendant que nous le pouvons.... La mort est l'écho de la vie.... pour mourir de la mort des saints, vivons de la vie des saints. La bonne mort est une grâce d'une espèce spéciale ; nous ne pouvons la mériter... à force de supplications la prière l'obtient infailliblement... Ne nous lassons pas de la demander.

3º GLORIFICATION D'IGNACE APRÈS SA MORT. — Toute la vie d'Ignace avait été consacrée à procurer et à étendre de plus en plus la gloire du Seigneur ; le Seigneur, suivant sa promesse, l'a magnifiquement glorifié à son tour. Dès que la mort d'Ignace fut connue dans la ville, on ne s'abordait plus qu'en disant : « *Le Saint est mort.* »

Durant sa vie déjà il possédait le don des miracles ; mais dès qu'il fut mort, c'est pour ainsi dire, à l'infini que se multiplièrent les prodiges qui attestent son crédit auprès de

Dieu. Pendant ses funérailles, une jeune fille abandonnée des médecins fut guérie complètement en posant sur le siège de son mal un morceau d'étoffe emprunté aux vêtements du Saint. Son procès de canonisation a relevé parmi d'autres, deux cents miracles éclatants appuyés de toute l'authenticité désirable. On lui a justement appliqué ce bel éloge que saint Jérôme faisait autrefois de saint Augustin : « *Tous les gens de bien vous révèrent et vous admirent comme le restaurateur de l'ancienne foi ; et ce qui semble encore plus honorable, tous les méchants vous haïssent et vous persécutent.* » Pour avoir une idée de la place éminente qu'Ignace occupe au ciel, il faudrait raconter au long la vision de Sainte Madeleine de Pazzi admise un jour à contempler la félicité des Saints : d'après elle, Dieu ne prend pas une moindre complaisance dans l'âme d'Ignace que dans celle du disciple bien-aimé, l'Évangéliste Saint-Jean.

= Le ciel est la récompense de ce qu'on a fait pour Dieu sur la terre.... On n'y moissonne que ce qu'on a semé ici-bas.... si nous ne semons que peu, nous moissonnerons peu.... semons beaucoup pour recueillir une abondante moisson de félicité. *Un instant* de tribulation *légère* dans la vie présente, nous mérite un *poids* de gloire *éternelle,* nous dit saint Paul.

PRIÈRES

ORAISON DE L'OFFICE DE SAINT IGNACE D'APRÈS LE BRÉVIAIRE AMBROISIEN

O Dieu qui glorifiez ceux qui vous glorifient et qui êtes honoré des honneurs rendus à vos saints, accordez-nous, à nous qui vénérons les éclatants mérites du Bienheureux Ignace, votre Confesseur, de sentir les effets de sa charitable intercession auprès de vous. Nous vous le demandons par Jésus-Christ Notre-Seigneur votre Fils qui vit et règne avec vous en l'unité du Saint-Esprit, dans tous les siècles des siècles. — Ainsi soit-il.

PRIÈRE QUE L'ON PEUT RÉCITER EN SE SERVANT DE L'EAU DE SAINT IGNACE

℣ Notre secours est dans le nom du Seigneur ;

℟ Qui a fait le ciel et la terre.

℣ Que le nom du Seigneur soit béni ;

℟ Maintenant et dans tous les siècles.

℣ Seigneur exaucez ma prière ;

℟ Et que mes cris parviennent jusqu'à vous.

PRIONS

Seigneur infiniment saint, Père tout-puissant, Dieu éternel, qui, en répandant sur les corps malades, la grâce de votre bénédiction, prodiguez à votre créature les effets d'une bonté inépuisable, daignez prêter une oreille favorable à l'invocation de votre nom. Que par l'intercession du Bienheureux Ignace, votre Confesseur, vos serviteurs soient délivrés de tout mal. Donnez-leur la santé ; relevez-les par le secours de votre droite ; soutenez-les par votre puissance ; couvrez-les de votre protection, et rendez-les à votre Sainte Église comblés de vos bienfaits.

Seigneur, vous avez béni cette eau, afin qu'elle soit un remède salutaire pour le genre humain ; accordez, par l'intercession du Bienheureux Ignace, dont la médaille y a été plongée, que quiconque en prendra, obtienne la santé du corps et le salut de l'âme. Nous vous le demandons par Notre Seigneur Jésus-Christ votre Fils qui, étant Dieu, vit et règne avec vous en l'unité du Saint-Esprit, dans tous les siècles des siècles. — Ainsi soit-il.

PRIONS

O Dieu, qui, pour propager la plus grande gloire de votre Nom, avez voulu, par le ministère du Bienheureux Ignace, fournir à votre Église militante le secours d'un renfort nouveau, accordez-nous que par son aide et à son exemple, combattant sur la terre, nous méritions d'être couronnés avec lui dans le Ciel. Nous vous le demandons par Notre Seigneur

Jésus-Christ votre Fils qui, étant Dieu, vit et règne avec vous en l'unité du Saint-Esprit, dans tous les siècles des siècles. — Ainsi soit-il.

PRIÈRE DE SAINT IGNACE A NOTRE SEIGNEUR JÉSUS-CHRIST.

O Verbe de Dieu bien-aimé, apprenez-moi à être généreux, à vous servir comme vous méritez d'être servi, à donner sans compter, à combattre sans souci des blessures, à travailler sans repos, à me dépenser sans attendre d'autre récompense que celle de savoir que je fais votre sainte volonté. — Ainsi soit-il.

OFFRANDE DE TOUT NOTRE ÊTRE A DIEU.

Recevez, Seigneur, toute ma liberté ; recevez toute ma mémoire, tout mon entendement, et toute ma volonté. Vous m'avez donné tout ce que j'ai et tout ce que je possède ; je vous le rends sans réserve et le remets à votre divine volonté, afin que vous en disposiez absolument. Donnez-moi seulement votre amour avec votre grâce, et je suis assez riche : je ne demande rien davantage. (*Exerc. spirit. du Saint.*)

PRIÈRE AU CRUCIFIX

Plusieurs auteurs (Nadasi Pretios. Occup. Cap. XLI nᵒ 12) *rapportent que ce sublime élan* d'amour s'est échappé sous forme de sonnet du cœur brûlant de saint Ignace, et ils en donnent en langue castillanne un texte qu'ils disent être le texte original. D'autre part, on retrouve à peu près la même formule, avec quelques nuances notables toutefois, dans la journée chrétienne de saint François Xavier, et elle lui est communément attribuée. Sans vouloir décider lequel de ces deux Séraphins est le véritable auteur de cette magnifique prière, nous dirons simplement qu'elle est digne de l'un et de l'autre. Tâchons, en ce qui nous regarde, de nous approprier les sentiments admirables qu'elle exprime.

Ce qui me presse de vous aimer, ô mon Rédempteur ! ce n'est pas le ciel que vous promettez à ceux qui vous aiment ; ce qui empêche mes pas de s'égarer, ce n'est pas la crainte des feux horribles de l'enfer.

C'est pour vous que je vous aime, Seigneur ! vous voir anéanti sous le poids de tant et de tant d'opprobres, voir vos membres adorables ne faisant plus qu'une seule plaie, voir le Créateur expirant sur la croix, voilà ce qui émeut et subjugue mon cœur.

De tels excès me ravissent si complètement, qu'alors même qu'il n'y aurait ni ciel, ni enfer, je ne pourrais jamais être un seul instant sans redouter de vous déplaire et sans vous aimer.

C'est assez de vous pour que je vous aime, ô mon Dieu ! et quand je n'espérerais pas autant que j'espère, je vous aimerais et vous aimerais éternellement comme je vous aime !

PRIÈRE DONT SAINT IGNACE RECOMMANDAIT LA RÉCITATION.

Ame de Jésus-Christ, sanctifiez-moi ! Corps de Jésus-Christ, sauvez-moi ! Sang de Jésus-Christ, enivrez-moi ! Eau du côté de Jésus-Christ, purifiez-moi ! Passion de Jésus-Christ, fortifiez-moi ! O bon Jésus, exaucez-moi ! Cachez-moi dans vos plaies; ne permettez pas que je sois séparé de vous; défendez-moi contre l'esprit de malice; appelez-moi à l'heure de ma mort; et commandez que je vienne à vous, afin que je vous bénisse avec vos élus dans tous les siècles des siècles ! — Ainsi soit-il.

PRIÈRE QUE SAINT FRANÇOIS-XAVIER ADRESSAIT DU FOND DES INDES A SAINT IGNACE. (*Lettres*, liv. II, *lett.* 9.)

O Père de mon Ame ! vous que je ne saurais assez vénérer, prosterné à vos pieds comme si je vous voyais présent, je vous prie humblement d'intercéder sans relâche pour moi auprès de Dieu, afin qu'il me donne la grâce de connaître clairement et d'accomplir parfaitement sa très sainte volonté. — Ainsi soit-il.

PRIÈRE POUR OBTENIR LA GRACE DE NOUS VAINCRE.

O bienheureux Ignace ! Vous qui avez tant aimé Jésus-Christ notre divin Roi, et si bien combattu ses saints combats, apprenez-nous à nous vaincre nous-mêmes, pour que nous puissions à votre suite, triompher du monde et de Satan, sanctifier nos âmes, servir et défendre l'Eglise, à la plus grande gloire de Dieu. — Ainsi soit-il.

PRIÈRE POUR OBTENIR LES VERTUS CHRÉTIENNES.

O bienheureux Ignace ! Je vous supplie, par votre intercession et celle de vos enfants qui jouissent déjà de la vue de Dieu, de m'obtenir du Seigneur, la grâce de marcher dans la voie de ses commandements, tous les jours de ma vie, par la pratique des devoirs de mon état, dans une vraie foi, une espérance ferme, une ardente charité, une humilité sincère, une patience parfaite, une résignation entière, une fidélité constante, une chasteté sans tache, un absolu détachement de tout ce qui n'est pas Dieu, afin que sa volonté sainte s'accomplisse en moi et par moi, à la vie, à la mort, dans les consolations et les tribulations, le travail et le repos, selon le bon plaisir de son adorable volonté, à la plus grande gloire du Sacré-Cœur de Jésus et du Cœur immaculé de Marie. — Ainsi soit-il.

PRIÈRE POUR OBTENIR UNE GRACE PARTICULIÈRE.

Elle est tirée de la belle prière composée par le R. P. de Ribadéneira, l'un des fils d'Ignace qui l'ont le mieux connu et le plus aimé.

O bienheureux Ignace ! homme selon le Cœur de Dieu, illustre Confesseur, Prêtre saint, Ministre fidèle, Dispensateur intègre des mystères de Jésus-Christ, intrépide Capitaine de sa Compagnie, Patriarche d'une nombreuse postérité ! O très aimable Protecteur, Gloire de l'Univers, Ornement de la religion, Bouclier et Rempart de l'Eglise catholique ! O Père, que mon âme vénère entre tous les amis et les élus de Dieu avec un respect et un amour singuliers, j'ai recours à vous, je me prosterne humblement à vos pieds, j'implore votre faveur et votre secours avec toute l'ardeur dont je suis capable, et du fond de cette vallée de larmes et de l'abîme de ma misère, les cris de mon cœur s'élèvent vers vous. Ame bénie, tournez les yeux de votre bonté sur moi et regardez-moi avec votre bienveillance accoutumée. Déjà vous avez gagné le port où vous êtes à jamais en sûreté sans avoir à craindre désormais le naufrage, souvenez-vous de celui qui navigue encore exposé à mille périls sur la mer orageuse de ce monde; vous tenez à la main la palme de la victoire, le diadème des triomphateurs couronne votre auguste front, mais moi je demeure sur le champ de bataille en butte à tous les traits de l'ennemi, en danger de succomber à chaque instant ! Ayez compassion de ma détresse, je vous en conjure, accueillez ma prière, et ne la rejetez pas. Si donc la volonté adorable de Dieu, à laquelle je désire me conformer toujours et en toutes choses n'y est pas contraire, accordez-moi.... *(indiquer ici ce qu'on désire recevoir)*, oui, accordez-moi cette grâce, vous le pouvez, il vous suffit de le vouloir; car encore que je reconnaisse le Seigneur pour l'auteur de tous les dons et la source de laquelle émanent tout ce qu'il y a de bon et de parfait au ciel et sur la terre, vous êtes si rapproché de cette source de vie, vous êtes si agréable aux yeux de Dieu, que je ne saurais douter que vous ne m'obteniez tout ce que vous solliciterez pour mon bien et pour sa gloire. — Ainsi soit-il.

LITANIES DE SAINT IGNACE.

Seigneur, ayez pitié de nous.
Jésus-Christ, ayez pitié de nous.
Seigneur, ayez pitié de nous.
Jésus-Christ, écoutez-nous.

Jésus-Christ, exaucez-nous.

Père céleste qui êtes Dieu, ayez pitié de nous.

Fils Rédempteur du monde qui êtes Dieu, ayez pitié de nous.

Esprit Saint qui êtes Dieu, ayez pitié de nous.

Sainte Trinité qui êtes un seul Dieu, ayez pitié de nous.

Sainte Marie, conçue sans le péché originel, priez pour nous.

Saint Ignace, fondateur de la Compagnie de Jésus, priez pour nous.

Grand zélateur du culte de la Vierge Marie, priez pour nous.

Destructeur des hérésies, priez pour nous.

Appui de l'Eglise militante, priez pour nous.

Restaurateur de l'usage des Sacrements, priez pour nous.

Force de ceux qui combattent pour la foi, priez pour nous.

Soutien de la jeunesse, priez pour nous.

Vase d'élection choisi pour porter le Nom de Jésus aux nations et aux enfants d'Israël, priez pour nous.

Défenseur de la religion catholique, priez pour nous.

Ennemi déclaré du vice, priez pour nous.

Propagateur de la vérité évangélique, priez pour nous.

Héraut infatigable de la plus grande gloire de Dieu, priez pour nous.

Temple de paix et de vérité, priez pour nous.

Parfait imitateur des travaux de Jésus-Christ, priez pour nous.

Lumière et splendeur du monde chrétien, priez pour nous.

Très prudent directeur des âmes, priez pour nous.

Maître éclairé de la vie intérieure, priez pour nous.

Auteur des Exercices spirituels, priez pour nous.

Condonateur des injures, priez pour nous.

Scrutateur sévère de vos actions et de vos pensées, priez pour nous.

Miroir de la véritable piété, priez pour nous.

Prodige d'humilité, priez pour nous.

Santé des malades, priez pour nous.

Résurrection des morts, priez pour nous.

Puissant thaumaturge, priez pour nous.

Chasseur des âmes, priez pour nous.

Refuge des misérables, priez pour nous.

Consolation des affligés, priez pour nous.

Brasier de l'amour divin, priez pour nous.

Porte étendard de l'obéissance, priez pour nous.

Modèle admirable et protecteur de la chasteté, priez pour nous.

Amant de la pauvreté, priez pour nous.

Exemplaire de toutes les vertus, priez pour nous.

Zélateur ardent du salut des âmes, priez pour nous.

Fléau des démons, priez pour nous.

Foyer tout éblouissant des illustrations célestes, priez pour nous.

Respectueux investigateur du mystère de la Trinité, priez pour nous.

Dévot client des Saints Anges, priez pour nous.

Apôtre par votre sollicitude des âmes, priez pour nous.

Prophète par la grâce et par l'esprit, priez pour nous.

Martyr par l'austérité de votre vie, priez pour nous.

Agneau de Dieu, qui effacez les péchés du monde, pardonnez-nous, Seigneur.

Agneau de Dieu, qui effacez les péchés du monde, exaucez-nous, Seigneur.

Agneau de Dieu, qui effacez les péchés du monde, ayez pitié de nous.

℣. Priez pour nous, bienheureux Ignace ;

℟. Afin que nous devenions dignes des promesses de Jésus-Christ.

Oraison. — O Dieu, qui pour propager la plus grande gloire de votre Nom avez doté l'Eglise militante d'un nouveau secours par le ministère du bienheureux Ignace ; accordez-nous, qu'à son exemple et avec son aide, combattant sur la terre, nous méritions d'être couronnés avec lui dans le ciel. Nous le demandons par Notre-Seigneur Jésus-Christ votre Fils qui, étant Dieu, vit et règne avec vous en l'unité du Saint-Esprit, dans tous les siècles des siècles. — Ainsi soit-il.

PRATIQUES

EAU BÉNITE DE SAINT IGNACE

L'*Eau bénite de saint Ignace* est une eau dans laquelle on plonge une relique ou une médaille du Saint en récitant quelques prières. La pratique d'employer cette eau pour obtenir du Ciel des grâces de l'ordre naturel ou surnaturel, par l'entremise de saint Ignace, a eu pour point de départ la pieuse initiative, l'instinct chrétien des fidèles, et elle remonte assez haut. Les Bollandistes la mentionnent dès l'année 1599.

A peine le fidèle serviteur de Dieu avait-il quitté la terre que les populations catholiques, entendant le récit des œuvres merveilleuses accomplies par son zèle, se persuadèrent aisément qu'il ne pouvait manquer de jouir d'un crédit sans bornes auprès de Celui dont il avait dilaté la gloire avec tant de succès, et au prix de tant de travaux et de fatigues. Sûres dès lors, de rencontrer en lui un intercesseur plein de bonté, à la prière duquel Dieu aimerait à ne rien refuser, elles s'empressèrent de recourir à lui dans leurs besoins. Un des moyens dont elles se servirent avec le plus de fruit, fut de faire usage d'une eau sanctifiée par le contact vénérable des reliques ou de l'image de ce charitable et puissant protecteur.

En suivant leur inclination, les fidèles ne se sont pas mépris et n'ont pas cédé au mouvement inconsidéré d'une ferveur indiscrète. Sentinelle dont la vigilance ne s'endort jamais, et à qui rien de ce qui concerne les siens ne saurait échapper; incapable, en outre, de se taire quand la foi ou l'innocence de ceux que Dieu lui a confiés courent le moindre péril, l'Eglise était au courant de ce qui se passait, et pas une parole de blâme n'était adressée par elle à ses enfants. Ce silence avait sa signification, il équivalait à une approbation tacite et suffisante ; avec le temps, néanmoins, cette approbation implicite s'est transformée en une autorisation formelle. Tout récemment, par un décret spécial, en date du 30 août 1866, Sa Sainteté Pie IX a permis authentiquement l'usage de cette eau et déterminé les prières qu'on doit réciter pour la bénir.

Le Ciel, de son côté et à sa manière, s'était déclaré de bonne heure dans le même sens. L'espace nous manque pour raconter en détail les diverses grâces accordées ainsi ; il ne nous appartiendrait pas, d'ailleurs, de porter un jugement sur la réalité et le caractère miraculeux des nombreuses faveurs qu'on dit avoir été obtenues par ce moyen. Cependant, en présence de l'affirmation des fidèles et sur la foi d'autorités respectables (*Acta Sanctor. Tom.* XXXIV, etc.), nous n'éprouvons aucun embarras à dire sommairement : qu'en Allemagne, en Belgique, en Espagne, en France, en Italie, en Pologne, en Suisse, autrefois et de nos jours encore, l'eau de saint Ignace a été et continue à être l'instrument de bienfaits signalés. Son usage a délivré une contrée des infirmités qui, de temps immorial, affligeaient ses infortunés habitants. Elle a rappelé des portes du tombeau des malades abandonnés par les médecins. A de pauvres femmes en couches, qui déjà perdaient l'espoir de voir leurs enfants arriver au monde avec la vie, elle a procuré la joie d'embrasser ces enfants pleins de santé. Pendant des contagions, des pestes, le choléra, elle a préservé les populations des coups du fléau, et guéri ceux de ses membres qui en avaient été précédemment atteints. A la campagne, les champs qui en avaient été aspergés n'ont rien eu à souffrir des intempéries des saisons ; et les ravages que leur avait occasionnés la grêle ont été avantageusement réparés. Grâce à elle, des récoltes, qui avaient tout à craindre de la dent des rongeurs, ont été respectées ; elle a éteint subitement un violent incendie ; enfin, elle s'est révélée d'une singulière efficacité contre les embûches et les attaques ouvertes du démon. Cela est, en effet, dans l'ordre ; un mot, à propos de ce dernier point, a peut-être son utilité.

La vie des Saints, au Ciel, n'est qu'une suite de leur vie d'ici-bas ; elle la continue en la dépouillant de son imperfection, mais en lui conservant son identité ; et ces deux vies n'en font réellement qu'une seule. Aussi, quand, par une disposition particulière de la Providence, les glorieux citoyens de l'éternité interviennent dans le monde du temps, on les reconnaît sur le champ à leurs *allures* d'autrefois, si on nous permet cette expression ; et ils se montrent tels que les ont connus leurs contemporains, tels qu'ils apparaissent dans les récits de l'histoire. Depuis sa conversion, l'existence d'Ignace n'avait été qu'une incessante lutte contre l'enfer, il lui avait déclaré la guerre et il l'a combattu jusqu'à la mort, éventant ses ruses, déconcertant ses plans, ruinant ses projets, remportant à chaque instant sur lui de magnifiques trophées, lui ravissant des milliers d'âmes. C'est ce que le père du mensonge lui-même a été contraint de proclamer, à sa propre confusion et à la gloire du serviteur de Dieu. Du vivant du Saint, par l'organe des possédés qu'on exorcisait, Satan a déclaré plusieurs fois qu'Ignace était sur la terre son adversaire le plus implacable, son plus irréconciliable ennemi. L'Église rend le même témoignage dans sa Liturgie. Ignace, dit-elle, « *exerçait sur les esprits de ténèbres un prodigieux empire,* » il leur commandait en maître et s'en faisait obéir. S'ils osaient se présenter devant lui, il les mettait en fuite en les menaçant dédaigeusement avec le bâton qui lui servait d'appui, comme il l'aurait fait pour se débarasser d'un animal incommode rencontré sur son chemin. Afin de contraindre le démon à sortir immédiatement du corps des malheureux dont il s'était emparé, ce lui était assez d'une prière adressée à Dieu, d'une conversation avec l'énergumène, de quelques lignes tracées de sa main sur le papier. Il n'y a donc pas lieu d'être surpris qu'il conserve son privilège, qu'il n'ait rien perdu de sa puissance; et que, pour l'honneur du Seigneur et notre avantage, il poursuive encore, quand on l'invoque, le cours de ses anciennes victoires sur l'odieux ennemi de Dieu et des hommes.

Afin d'éprouver les salutaires effets qu'on

se propose d'obtenir en se servant de l'*Eau de saint Ignace*, il suffirait d'en boire avec confiance quelques gouttes, d'en laver ou d'en asperger la partie malade du corps dont on demande la guérison. Cependant pour assurer davantage le résultat désiré, il est bon d'accompagner l'usage de cette eau de la récitation de quelque prière. Aucune en particulier n'est requise et chacun peut choisir celle qui lui plaît le mieux. Nous en indiquons plus haut (page 77) une qui semble des plus convenables ; puisqu'elle est la traduction de la formule que doit employer le prêtre autorisé à bénir *l'Eau de saint Ignace.*

Quand on fait usage de l'*Eau de saint Ignace,* il faut se garder de perdre courage si on n'obtient pas tout d'abord ce qu'on demande ; il faut, au contraire, continuer à demander sans se lasser, et redoubler d'instances pour faire en quelque sorte, violence au Seigneur. Peut-être par ses retards à se rendre à nos sollicitations ne prétend-il qu'éprouver et exciter notre confiance ; peut-être ne veut-il que nous fournir l'occasion de persévérer dans le salutaire exercice de la prière, pour nous y affectionner de plus en plus. C'est ce que nous apprennent les Saints. La prière, comprenons-le, n'est pas une impérieuse sommation à laquelle Dieu soit obligé de faire droit à terme fixe, à échéance déterminée, s'il est permis de parler ainsi ;

elle est une requête respectueuse, une humble supplication que le Seigneur écoute au jour et à l'heure qu'il a choisis. Il lui accorde infailliblement ce qu'elle demande, puisqu'il s'y est engagé, mais pour qu'elle ait cette efficacité, il faut qu'elle soit accompagnée de certaines qualités, et l'une des plus indispensables est la persévérance; ne l'oublions pas.

Ne perdons pas d'ailleurs de vue que, parfois, nous sommes réellement exaucés quoique Dieu semble rester sourd aux vœux que nous lui présentons. Il n'est pas rare en effet que ce que nous estimons une grâce n'en soit pas une ou du moins n'en serait pas une pour nous et nous deviendrait funeste; de même il arrive que ce que nous réputons un mal, loin d'être tel pour nous, nous est utile ou même nécessaire. Nous le reconnaîtrons un jour; en attendant Dieu le sait, et dans sa bonté, prenant nos intérêts contre nous-mêmes, rectifiant ce que nos prétentions avaient d'indiscret, afin de ne pas nous renvoyer les mains vides, il nous accorde non pas ce que nous demandions, mais plus et mieux que nous ne demandions. Quel que soit donc notre désir d'obtenir telle ou telle faveur, ne manquons jamais de subordonner notre désir aux miséricordieux desseins de Dieu sur nous.

Les Pères de la Compagnie de Jésus sont autorisés à bénir l'*Eau de saint Ignace,* et les fidèles peuvent s'adresser à eux pour s'en procurer. De plus, à la demande du Très Révérend Père Général, le Souverain Pontife a daigné consentir à ce que, dans les lieux où ne se trouve pas de maison de la Compagnie, tous les prêtres puissent recevoir la même faculté, en s'adressant à la Sacrée Congrégation des Rites, par l'intermédiaire de leur Ordinaire.

FÊTE, NEUVAINE, DIX DIMANCHES, MOIS DE SAINT IGNACE.

Un grand nombre de fidèles ont la pieuse habitude de célébrer d'une manière toute particulière la fête de saint Ignace. Quelques-uns s'y disposent par une neuvaine, d'autres en s'approchant des Sacrements les dix dimanches qui précèdent la fête, d'autres en consacrant à Ignace le mois de juillet tout entier.

Voici quelques indications utiles aux uns et aux autres :

La fête du Saint se solennise le 31 juillet, anniversaire de sa mort en 1556, et de la translation de ses reliques en 1568. Une indulgence plénière est accordée à ceux qui, s'étant confessés et ayant communié, visitent une église de la Compagnie et y prient aux intentions du Souverain Pontife.

La pratique des dix dimanches, en mémoire des dix mois qu'Ignace a passés dans la grotte de Manrèse est également enrichie d'indulgences. Une indulgence plénière est accordée, *chacun* des dix dimanches *consécutifs* précédant immédiatement la fête de saint Ignace, ou *chacun* des dix dimanches *consécutifs* pris dans un temps quelconque de l'année, à ceux qui contrits, confessés et communiés, sanctifieront ces dits jours par de bonnes œuvres à la gloire de Dieu et en l'honneur de saint Ignace, et visiteront avec piété une église de la Compagnie de Jésus.

Les personnes qui voudraient se servir de notre travail pour faire la Neuvaine ou les dix Dimanches, n'auront qu'à recourir aux Méditations qui se trouvent pages 11 et suivantes. Quant à celles qui auraient la dévotion de faire le mois de saint Ignace, elles peuvent prendre successivement un des points de chacune des Méditations ; ainsi partagées celles-ci leur fourniront chaque jour une matière suffisante de réflexions.

Enfin, on trouvera page 77 et suivantes, quelques prières en harmonie avec la dévotion à saint Ignace.

Société Nancéienne de Propagande. — Impr. Saint-Epvre.

9 782019 917333